MEASURE OF A MAN

FROM AUSCHWITZ SURVIVOR
TO PRESIDENTS' TAILOR

白宫御用裁缝师

从奥斯维辛集中营到总统府

［美］马丁·格林菲尔德　温顿·霍尔◎著

傅瑞蓉◎译

华夏出版社
HUAXIA PUBLISHING HOUSE

谨以此书
献给我永远失去的亲人
献给我深爱的家人

使死者得生的人永受祝福

马丁·格林菲尔德像

住在捷克斯洛伐克巴肯洛沃的格芮弗德一家,摄于1934年或1935年。从左至右:妹妹莉夫卡(Rivka)、母亲姿维娅(Tzyvia)、马克斯(即马丁)、父亲约瑟夫、另一个妹妹西姆哈(Simcha)。马丁的小弟弟斯鲁·贝尔(Sruel Baer)当时还未出生。

盟军远征军于1946年10月给马克斯·格芮弗德(即马丁)颁发的难民证。

马克斯·格芮弗德（即马丁）在捷克军队时的证件照。

战后的一张登记表载明：马克斯·格芮弗德（即马丁）于1945年1月27日离开奥斯维辛集中营，于1945年2月5日与其他一些囚犯一起到达布痕瓦尔德集中营，被安置在第58号营区。

留在贝尔森卑尔根难民营的美国联合救济委员会的一张登记表显示，马克斯·格芮弗德（即马丁）已经乘船前往美国。

(上图)彼得·伦德伯格(左)、马丁·格林菲尔德(中)、托德·格林菲尔德(右)在特莱西恩施塔特集中营,摄于1989年。

(右图中)特莱西恩施塔特集中营内的假浴室,用于蒙蔽前来参观的国际红十字会代表。

(右图下)特莱西恩施塔特集中营内真正的浴室。

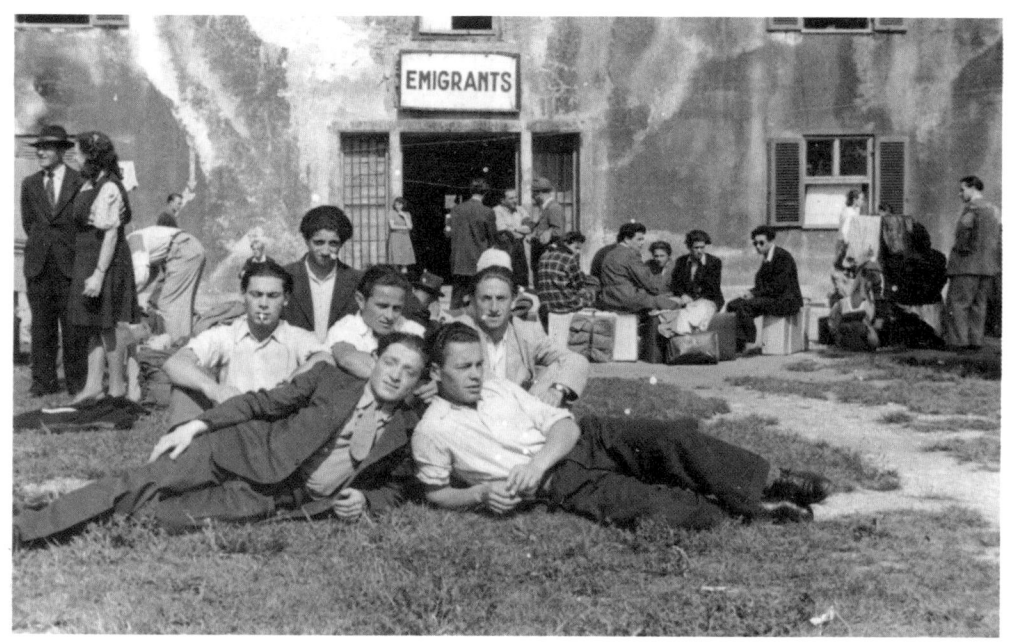

马克斯·格芮弗德(即马丁,中)在难民营,此后不久,他就乘船前往美国了。

马丁在特莱西恩施塔特集中营,摄于1989年。

马克斯·格芮弗德(即马丁)和他的两个妹妹,摄于1936年6月。

马克斯·格芮弗德(即马丁)骑着自行车穿行在巴甫洛沃的街道上,摄于1936年6月。

马丁回到故居,在童年玩耍过的草地上重温旧梦,摄于1989年。

巴甫洛沃的一间小木屋,该木屋的主人自从本镇的犹太人被驱赶或杀害后,五十年来一直自愿看护着犹太人的墓地。

巴甫洛沃街景,摄于1989年。

马丁在他年幼时常去的犹太教堂前面,摄于1989年。

马丁位于巴甫洛沃的故居,摄于 1936 年 6 月。

穆卡切沃通往巴甫洛沃的路口,摄于 1989 年。

马丁回到巴甫洛沃。照片中穿着白衬衫的那个人是马丁的堂兄夏马·盖尔博,他住在穆卡切沃;穿正装的那个人是安排这次旅行的导游;男孩是夏马的孙子;托德的右手放在马丁50年前在大树上留下的一个刻痕上。摄于1989年。

一个用干草和其他东西堆成的冷藏仓。在二战前,马丁的家人就是用这种冷藏仓来储存东西的。冷藏仓的里面还有通往地下室的楼梯。摄于1989年。

马丁和阿琳在他们的婚礼上,摄于1956年12月23日。

纽约罗斯林犹太庙,马丁在大卫·格林菲尔德的成年礼上。前排左起:邦妮、艾米、雷切儿、索菲亚、大卫和阿琳;后排左起:托德、杰伊、谢丽尔和马丁。摄于2006年2月。

杰伊·格林菲尔德在白宫的"红房子"中,正在等待第六次与奥巴马总统面见,摄于2014年2月。

在白宫的总统办公室。左起:马丁、奥巴马总统、托德和杰伊。

马丁在白宫克林顿总统的卧室为总统试衣。乔治·斯特凡诺普洛斯摄影。

马丁·格林菲尔德与唐娜·卡兰。

温顿·霍尔、马丁·格林菲尔德和史蒂夫·布西密在《大西洋帝国》一剧中。照片由 HBO 提供,马可尔·波利摄影。

马丁·格林菲尔德为勒布朗·詹姆斯出席全明星派对而准备的燕尾服上装,摄于2014年2月。

《黑名单》一剧在马丁·格林菲尔德的工厂中拍了第7集之后,马丁和约瑟夫·杰纽尔迪为"红魔"雷蒙德·瑞德·莱丁顿(詹姆斯·斯派德饰演)试衣。

杰伊为参加NBC电视台"周末夜现场"的乔纳·希尔精心准备服装,这是在他出场前为他试衣。2012年,乔纳·希尔出席他的电影《龙虎少年队》的首映式时,也穿了这套衣服。

在纽约,杰伊为主演《华尔街之狼》的莱昂纳多·迪卡普里奥第一次试衣。

卡梅罗·安东尼和他的妻子在纽约大都会慈善舞会上,他穿着马丁·格林菲尔德用海军蓝面料为他制作的瑞格布恩风格的有尾燕尾服。

巴兹·鲁赫曼和凯瑟琳·马丁在纽约大都会慈善舞会上,他穿的是马丁·格林菲尔德为他准备的燕尾服。

瑞格布恩品牌的创立者马可斯·温莱特和大卫·内维尔以及他们的妻子在纽约大都会慈善舞会上,他们穿的是马丁·格林菲尔德为他们准备的燕尾服。

目录

第 1 章	遇见门格尔	1
第 2 章	身陷奥斯维辛集中营	19
第 3 章	死亡之旅	35
第 4 章	救星艾克终于来了	51
第 5 章	杀,还是不杀?	65
第 6 章	来到美国	87
第 7 章	GGG 公司	109
第 8 章	丽人行	139
第 9 章	裁缝的裁缝	171
第 10 章	为总统和政界人士穿衣打扮	199
第 11 章	为明星做衣服	227
第 12 章	80 岁才举行的成年礼	249
致谢		253
英文索引		261
译后记		269

第1章　遇见门格尔

据说，要观察一个男人，第一眼要看的就是他的鞋子。

这个人的鞋子的样子已经深深地刻入了我的脑海中，我至今仍然对它们记忆犹新。那是一双真皮靴，漆黑锃亮。黑，就像伸手不见五指的暗夜；亮，犹如闪闪发光的镜子。我从来不曾见过这样一双靴子。捷克斯洛伐克的小镇巴甫洛沃，是我从小长大的地方，在那儿，每个家庭都经营着一个农场，因此，人们的靴子总是破破烂烂的。在那天之前，我从来不曾见过如此闪闪发亮的靴子。在那生我养我的地方，靴子从来都不是这样的。

视线上移，我看到了一条奢华的裤子，它直直地垂落在了靴子上面，没有一丝褶皱。再往上看，挺括的衬衫被松松地塞进了一根皮带当中。夹克裁剪得非常合体，上面覆满了亮闪闪的纽扣和别针，把我的视线引向了他那一头乌黑光亮的头发。这个人看上去优雅而平静，脸上架着一副熠熠闪光的单片眼镜。

但是，我那时根本不知道这个人就是那个被称为"死亡天使"的人。我也不知道这位纳粹医生——约瑟夫·门格尔博士（Dr. Josef Mengele）——

经常在不对病人实施麻醉的情况下就直接进行截肢手术。我当然更加不可能知道,他会挖活人眼睛,只因为他想收集一些蓝色的眼珠。他还会把活生生的婴儿扔进熊熊燃烧的烈火中。他也会把糖果分给一些双胞胎姐妹吃,然后一转过头却把子弹射进她们的颈脖,之后用她们的尸体来进行医学实验。

我对所有这些事情都一无所知。我又怎么可能知道呢?我只不过是一个15岁的懵懂少年。那天,在奥斯维辛集中营排队等候的时候,我只知道,我的父亲约瑟夫·格芮弗德(Joseph Grünfeld)、我的母亲姿维娅(Tzyvia)、我的妹妹西姆哈(Simcha)和莉夫卡(Rivka)、我五岁的小弟弟斯鲁·贝尔(Sruel Baer)以及我自己,马克西米利安(Maximilian),全都遇到麻烦了:我们要背井离乡了。

稍后我将会告诉你我们在奥斯维辛集中营的最终结局。1944年4月,就在逾越节(Passover)后的第二天,德国人和匈牙利人封锁了我们的小镇,并包围了镇上所有的犹太家庭,然后给我们一个小时的时间收拾行装。之后我们先是被赶到了大街上,紧接着步行6英里到了一个火车站后就被塞进了家畜运输火车中,火车把我们运到了穆卡切沃(Mukačevo)——这座小城当时属于匈牙利,现在位于乌克兰西南部。所有这一切都发生得太快了。

那一天,火车咣咣当当地前行了12英里,把我们运到了穆卡切沃。人生最糟糕的境遇莫过于此:前途未卜,一切全凭想象。多年之后,当我沉浸于对穆卡切沃的回忆时，我仍然无从得知当时我父母的心境。他们当时是否知道将要降临在我们身上的噩运？万一家人离散，他们制定出了什么万全之策了吗？他们是不是在西姆哈、莉夫卡、斯鲁·贝尔和我面前故意装出一副若无其事的样子？或者，他们真的以为我们只是暂时地被安置在集中营中，等战争一结束，我们很快就会回到自己的家园？

许多问题至今仍然萦绕在我的心中，而且很多问题的答案我已经无从知晓了。

当我们到达穆卡切沃后，德国人把我们像赶牲畜一样赶进了一个砖瓦厂中的一间大房子里。他们事先已经在这间大房子周围建造了许多木制工棚。我们实际上还算是比较幸运的，全家人都住进了工棚里面，后来因为工棚已经爆满，其他犹太家庭不得不待在更加简陋的帐篷里。

我们在这个集中营中只不过待了短短的大约一个月。在那期间，我时常想起我们原来居住的那个美丽的小镇巴甫洛沃。你也许从来不曾见过比巴甫洛沃更令人幸福的小镇了。我们生活的那个地方，位于连绵曲折的喀尔巴阡山脉，离匈牙利边境只有几英里的路程。在当地，我的家族——格芮弗德家族——是一个德高望重的家族，它的声誉远近闻名。我的祖父亚伯拉罕（Abraham）建成了我们镇唯一的一座犹太教堂。大约有五十个犹太家庭在这里做礼拜，大家就像是一个大家庭的成员。在安息日，我们所有人都会聚集在一起，每个人都会带来他们自家花园里种的新鲜蔬菜、自制的面包、李子白兰地以及上等的葡萄酒。我们亲如一家，团结友爱。那里的生活真美好！

我的父亲是一名工程师，他几乎每个星期都要出去旅行。有时候刚好碰到学校休息日，他便会带上我。我们睡在工作现场的帐篷里，在小溪流旁边自由地垂钓，与工人们一起野餐。我很珍惜这样的旅行。

由于父亲经常外出，抚养孩子的重任就落在了我母亲的肩上。她把我们照顾得很好。我们拥有自己的农场，农场里养着成群的奶牛、鸡，我们还雇用工人帮我们耕种土地。一切都是那么鲜活有趣，我们的命运掌握在自己手中。我们有电灯照明，有炉火供暖。我们在家时讲意第绪语，在学校里则讲捷克语。有时候，当大人不想让我们听明白他们讲话的意思时，他们就说匈牙利语。

我们很正统，但是从来不是狂热的原教旨主义者。外祖父菲谢尔·伯杰（Fischel Berger）、外祖母盖特尔·伯杰（Geitel Berger）跟我们住在一起，我父母的宗教信仰不如外祖父母那么虔诚。在我3岁的时候，母亲把我送进了"海德"（犹太人宗教学校）。因为我是长子，所以母亲希望我能为弟弟妹妹们树立一个好榜样，我也很希望自己能够成为他们的好榜样。

但是如今，一切都已成了镜花水月，所有希望都落空了，梦想也消失了。我们在穆卡切沃集中营里忧心忡忡地等待着。父亲被任命为集中营里的犹太人管理者，这样他能够设法让我们全家人待在一起，并保证我们能够填饱肚子。他甚至能自由进出集中营的大门。他完全可以自己一个人逃走，但是他并没有这么做。

在穆卡切沃集中营，父母亲从来没有谈起过尸体和焚尸炉。即使他们曾经想到过,也从来不曾说出口过,至少在我和弟弟妹妹们面前,他们只字未提。

当然,那时我已经非常清楚,纳粹分子绝不是好东西。在穆卡切沃,我亲眼看到,当我的祖父拒绝剃掉他的胡子时,三个盖世太保狠狠地把他打倒在地,第四个盖世太保上前强行剃掉了他长长的、漂亮的胡子。

"不!"我祖父喊道,"那是我力量的源泉!"

他们无动于衷,依然将我祖父的胡子剃得干干净净。

这个场景深深地铭刻在了我少年时的记忆中,在往后的日子里,祖父的胡子被强行剃去这个片段经常会浮现在我的脑海里。

我的祖父亚伯拉罕一生都在冒险。他生得高大威猛,强壮有力。他训练过好多匹全身雪白、找不到一根杂毛的阿拉伯名驹。在冬天,他会把雪橇套在马上,拉着我在雪地里驰骋,一路上只听得马儿的铃铛声清脆地叮当作响。但是,并不是所有与祖父有关的记忆都是这么富有诗情画意的,就像有一次,当我骑马时,我的头重重地撞在了马厩的一根横梁上。后来祖父把我的伤口包扎好,然后举起我,把我放到了马背上,让我双手交叉放到胸前。这是他教我克服恐惧的方法。直到今天,每当我在镜子里看到这个疤痕时,都会忍不住露出笑容。

我的祖父非常勇敢。有一次,一伙强盗来我们村子里抢劫。当时我祖父正走在一座桥上,一个强盗攻击了他。祖父反应过来后迅速把这个强盗摔倒在地,并且用牙齿紧紧地咬住了强盗的手指,最终生生地把手指给咬下来了。他想让这些强盗知道,不要再来攻击他的家人,也不要再来抢劫村民了。

但是在穆卡切沃，祖父尽管有勇气和胆量去反抗德国人，但是却显得那么软弱无力。事实上，他的勇气和胆量根本就毫无用处。我眼睁睁地看着他被摁倒在地上遭受屈辱，一个盖世太保还将他彻底压在身下，并恣意嘲笑他的信仰，我意识到，祖父根本不是他们的对手。虽然之后我又耳闻目睹了许多因宗教仇恨而导致的迫害事件，但这是我亲眼看到的第一次。那时我完全无法理解纳粹分子的这种态度，说真的，现在我仍然不明白。难道他们的信仰就是杀人吗？在我看来，这种信仰是完全没有道理的。我只知道，当人们完全不为他人着想时，可怕的事情就会发生。我深知这一点。

因为我父亲是集中营里的犹太人管理者，所以我们一家人是最后一批被从穆卡切沃运往奥斯维辛的。之前我们没有被告知将会去哪儿。我记得很清楚，我站在家畜运输车内一动不动，非常安静，一只手紧紧地抓着我弟弟的小手。我们是在晚上到达奥斯维辛的。火车在"吱嘎吱嘎"声中慢慢地停了下来。我们等待着，以为大门很快就会打开，可是大门始终未开。车内的人们伸长了脖子拼命向外看，可是，几个小时过去了，大门仍然紧闭着。大家被迫在车内过夜，大小便也只能在车内解决。我们全家人紧紧地拥抱在一起，互相取暖，相互慰藉。

第二天早上，刺眼的太阳光芒直直地射进了我们的车内，我们的身体慢慢地暖和了起来。当门闩被拔掉、大门被打开的那一瞬间，我们已经完全沐浴在阳光下了。我至今仍然清楚地记得那一刻的情景。那时那刻，我心想，如此美好的一天，一定不会有什么不好的事情发生。当时，我青春年少，只要有一线光明，就会抱着积极乐观的心态，完全没有准备好去接受我们即将迈入的现实。

我们从车上跳了下来，个个都面容憔悴、神情阴郁，大家相互搀扶着向前走。

"下来！下来！快点！快点！"我们相互催促着。

我们被告知，我们得留下我们的行李以及我们随身携带的所有值钱的东西之后才能走过大门。这是明目张胆的趁火打劫。只不过是一瞬间，德国人便夺走了我们数代人辛勤劳作、艰苦奋斗所积累起来的全部财富。虽然当时我们并没有意识到这一点，但是希特勒所设计的大规模屠杀机器的效率确实高得出奇。除了被没收财产之外，我们全身上下，哪怕只有那么一丁点儿有价值的东西，也全都被他们攫取个精光。我们早已沦为囚犯，那些镶有金牙的囚犯们被强行拔掉了金牙（他们接下来会把金牙扔进盛有强酸的桶里，溶化掉杂质和牙骨，萃取出纯金）。他们强行剪下我们的头发，因为这可以用来制作定时炸弹——完全做到了物尽其用，一丝一毫都没有被浪费。

我们站在那儿，慢慢地一点儿一点儿地向前挪。我们心里忐忑不安，我们已经被劫掠一空了，接下来会发生什么？我个子太矮小了，视线完全被大人们挡住了。但是，当我们一家人一点点往前移到队伍的最前面时，我还是亲眼看到了门格尔。他看起来并不像是一个魔鬼，甚至还算得上比较英俊。

现在，排在我们前面的家庭没几户了，我不知道该做些什么，或者我并不清楚希望自己能够做些什么。终于轮到我们家了。我母亲一只手紧紧地握着莉夫卡的手，另一只手则紧紧地抱着小弟弟。门格尔站在我们一家人面前，安静而从容。他上下打量了我们一番，然后示意我母亲把弟弟放下来。门格尔的意思是，让我母亲站到右边，斯鲁·贝尔站到左边。但是我母亲不愿意松开抓着弟弟的手，相反，她把他拉得更近了一些。门格尔命令我母亲放开手，但是她拒绝了。于是门格尔轻蔑地耸耸肩，他用手指着我母亲、小弟弟、妹妹莉夫卡以及祖父母，责令他们全都走到左边去。似乎是为了避免引起恐慌或骚乱，这个德国人语气平静地告诉我们，分离只是短暂的，等进了集中营之后，我们很快就能再次见面，他告诉我们，我们可以在里面团聚。

然而，我们再也没有团聚过。

"再见！"我的母亲回过头来看着我们说。

"再见！"我挥挥手说。

当时我并不知道，门格尔轻轻地动了一动他的手指头，我们家的命运便被决定了。那一刻，也就是我站在奥斯维辛集中营那条分界线上向母亲和其他家人挥手的那一刻，居然是我与母亲、小弟弟斯鲁·贝尔和莉夫卡见的最后一面。

门格尔命令我父亲、西姆哈和我站到右边去。我很高兴我能够和西姆哈在一起。然而，站在右边的男人和女人也得分开，于是西姆哈被带离了我和父亲的身边。有很长一段时间，我无法理解门格尔为什么没有命令她站到左边去，让她直接被焚烧。但是现在，我想我终于知道答案了。事实上，它一直萦绕在我心头，只是我不愿意多想罢了：西姆哈是一个美丽、高挑的女孩子，有着一头绸缎般柔滑的金发，而这样的头发正是门格尔最痴迷的东西之一，这是他与生俱来的一个癖好。在集中营里，我听到过一些传言，据说德国人很喜欢对年轻漂亮的犹太女孩施行不轨。但是，没有任何一个漂亮女孩的兄弟会让这种想法在自己的脑海中停留太久，因此，我一直希望这只是一个谣传。

西姆哈被带走了，现在只剩下我和父亲了。随后，我和父亲被带到了一个地方，在那里，我们被告知要脱得一丝不挂。我们的鞋子和衣服都被没收了。他们剃光了我们身上的所有毛发，然后往我们身上喷射一种消毒剂。消毒剂严重灼伤了我们的肌肤，我们简直就像在地狱。

我不能肯定，但是我认为父亲并不希望德国人知道我们是父子关系。然而，在排队等待"文身"的时候，我们两人是站在一起的，这就是为什么我们两人手臂上纹的号码是连着的原因了。我的父亲的号码是"A4405"，而我的号码则是"A4406"。这里的"A"表示"奥斯维辛集中营"。

天可怜见，至少我和父亲还在一起！我记得当时是这么想的。我的另一个想法是，**至少我的弟弟和妹妹跟母亲、祖父祖母在一起。**

但是这个想法很快就被证明是错误的。

几个小时后，在一个比较安静的时刻，父亲拉我靠近他，然后低声对我说了一番话。

"我很认真地跟你说,"他说,"如果我们两人待在一起,我们谁也活不下来,因为在一起工作,我们会因为看到对方受到伤害而伤心难过,那样我们就会遭受双倍的伤害,我们必须分开。"

"不!"我哭道,"你不能离开我!"

"你必须听我的!"他严厉地说,"这是唯一的出路。"

我拼命地摇头,似乎这样我就能摆脱掉他说的这些话。父亲要离开我的话不啻晴天霹雳。这是当一个孩子感觉自己将要被抛弃的时候才有的深深的恐惧。

"你得依靠你自己了,但是你一定会活下去的!"父亲说,"你还年轻,又身强力壮,我知道你一定可以活下去的。即使我们其他人都死了,但是只要你有幸活下去,就是对我们其他人最大的纪念。你不要觉得对不起我们,这是你必须做的事情!"

时过境迁,现在我非常感谢父亲那天对我说的这一番话,它们至今萦绕在我心头,回荡在我耳边。为只有自己一个人幸运地存活下来而感到愧疚是一件非常残酷的事情,但是父亲特意预先擦去了我将来的愧疚之心,并且让我用一种感激之情去替代它。这是父亲用他的智慧送给我的一份礼物。它给了我一个勇往直前的理由,也给了我一个生存下去的理由。直到现在,它依然是我勇往直前、努力生存的理由。

但是,当时我只不过是一个冥顽不灵的十几岁的孩子,无法理解这些道理。因此,我与父亲争辩,不断地争辩。尽管如此,父亲却一直没有放弃说服我。他下定了决心,一遍一遍地说着同样的话。很快,愤怒之情排山倒海般地涌向了我，充斥着我整个身心。作为一个十几岁的孩子，我根本不知道用其他什么方式来向父亲表明自己的悲伤。我知道他爱我，但是我无法理解。那天晚上，我一个人躺在黑暗中，我感觉他的决定像一把利剑一样穿透了我的心。**他怎么能这样做呢？** 我当时不停地想，**他怎么能撇下我单独一个人留在这个世界上？他怎么能单独把我留在这个人间地狱呢？**

第二天早上，德国人给我们下发了工作指令。这是我们来到这个集中营的第二天。当时德军士兵问我们，是否有人会一些技术活，比如说泥瓦工和木工的手艺、医生的技术或者其他的技艺。我并没有听清楚这些德国人的问话，因为我还沉浸在巨大的痛苦之中——当时我认为，父亲让我们分开的决定是对我深深的伤害。但是接下来的事情我是知道的，父亲抓起我的手腕高高地举向了空中。

"A4406，"他说，"他是一名机械师，是一名非常熟练的机械师。"

父亲并没有说谎，我心灵手巧，并且曾经在匈牙利的一间机修车库里工作过几年。事情是这样的：大约从我12岁时开始，德国人就已经陆陆续续地占领了我们周边的一些城镇。他们离我们越来越近了。有传闻说，德国人会抓走所有犹太男孩，并且强迫他们在德国劳改营里干活。因此，父亲决定把我送往匈牙利，让我与他在布达佩斯的表弟一起生活。我央求父亲让我一个比我稍大一点的朋友伊扎克·默梅尔斯坦（Yitzhak Mermelstein）跟我一起去。父亲同意了，但是伊扎克家里很穷，因此父亲帮他付了火车票的钱。

我表叔来布达佩斯火车站接的我们。一见到他，我立刻就知道这件事不会像我们当初设想的那么顺利。我不太会说匈牙利语。表叔并不欢迎我们这两位不速之客，似乎对这两个十几岁的男孩突然闯入他温馨的家感到有些恼火。当天到了吃晚饭的时候，表叔安排我和伊扎克在厨房与女仆同桌。我那时太任性了，也完全不知道应当如何恰当地应对这种无礼之举。那天晚上，我用意第绪语告诉伊扎克，不要打开我们的行李。

"今晚我们就逃跑。"我说。

"我们去哪儿呢？"他问。

"这有什么关系呢？"我说，"总之我们不能待在这里。我们今晚就离开，然后找个落脚的地方。你放心，到明天早上，我们就会找到工作的，我们会好起来的！"

伊扎克有些紧张不安，他的眼睛看起来似乎总是噙着泪水。但是我觉得，他可能从我这种与年龄不相称的自信中找到了些许安慰。

那天晚上，我们偷偷逃跑了。我们没有留下任何只言片语，直接一走了之。

但是在这座陌生的城市，我们人生地不熟，言语又不通。那天晚上，我和伊扎克在黑夜中随处晃荡。当然，我们这样做既愚蠢又危险，但是我们当时又怎么会知道呢？我们只是两个十几岁的孩子。后来，当我们看到一幢透着红色灯光的小房子时，我们已经在街上徘徊一个多小时了。我们走向了那幢房子。最后，当我们站在房子门口时，我看到伊扎克的双手在颤抖，因此，上前敲门这件事只能我去做了。门开了，出来跟我们说话的是一个非常漂亮的比我们稍大些的女孩。她和颜悦色地跟我们说，你们太小了，不明白这是什么地方，也不明白她以及生活在这幢房子里的其他女孩为了谋生到底需要做些什么。总之，我们只是两个小孩子，而不是她们的客人，但是她仍然非常欢迎我们的到来，问我们是不是迷路了，或者是遇到了什么麻烦。她既温和又亲切，就像一个大姐姐。伴随着高跟鞋踩着地面发出的清脆的咔嗒声，又一个穿着一袭飘逸长裙的漂亮而和善的女孩走下了楼梯，与我们打招呼。那天晚上，这些漂亮的女孩们把我们安置在另外一个房间里休息。第二天早晨，她们把我们介绍给了一个男人，这个男人正在想方设法拼命讨好她们，因此很愿意给我们提供工作。

我的工作是机械修理工，专门修理汽车，而伊扎克则做一些木工活和小家具维修。由于我们年幼无知、天真幼稚，花了好几天时间才弄明白，这些"姐姐"都是妓女，而我们所住的"公寓"实际上是一家妓院。但是这些全都无关紧要。重要的是这些女孩们非常好，对我们照顾有加。他们还帮助伊扎克和我学习匈牙利语，给我们买碳酸饮料和冰淇淋，在周日还会带我们去海滩玩。

在接下来的三年时间里，我们跟这些"替身姐姐"住在一起。我们已经能够赚到足以养活我们自己的钱了，我们也很讨妓院里所有人的欢心，生活似乎很美好。尽管在布达佩斯，根据命令，每个犹太人都必须佩戴一颗硕大的黄色的大卫之星（Star of David），但是这里没有人认识我们，所以我们从来没有佩戴过它们。不过，我不知道我的家人是否也同样安好。我每个星期都会写信给母亲和父亲，告诉他们伊扎克和我搬家了。但是我并没有告诉他们，我们是和妓女们生活在一起。

后来有一天，在修理一辆汽车马达的时候，我的右手被卷了进去，因而受了伤。我们的一个"姐姐"急忙把我送进了医院。在医院里，我决定给我父母写一封信。我没有告诉他们我发生了什么，也没有跟他们说我住在哪里，我只是想与他们保持通信。但是我的右手受伤了，无法写信。我把以前写的一封信给一个"姐姐"看，请她模仿我的笔迹给家里写一封信。她帮我写好了信，并且从医院里寄了出去。

我的父亲一看到信中陌生的笔迹，立刻知道我出事了。他急忙跳上一列火车，一路追踪来到了医院。最糟糕的是，根据我的回信地址，他已经去妓院找过我了，那里有人告诉他，我因为手被马达卷进去了，人在医院里。

我的父亲站在病床前，沉默而严肃，连一个字儿都没有对我说。他根本不需要出声，他投注在我身上的目光比语言更让我感到羞耻。我想让他明白，这些姑娘们就像亲姐姐一样，她们仁慈、善良，给了我们许多帮助。但是，我们始终没有提及这件事，相反，他直接把我带回了家。

当我们回到巴甫洛沃时，我5岁的小弟弟一直黏着我，好像我是一个大英雄。在他出生以来的一半多时间里，我都不在他身边，我几乎不认识他了。这几年，我真的与家人的生活脱节了。

第二天早上，父亲向我讲了最近严峻的形势。附近城镇的犹太男孩和男人们正在被围捕。他和我的教父一致决定，我们应该尽快逃走，躲到深山老林里去。这几年，我一直在布达佩斯过着无忧无虑的生活，没有约束，没有恐惧，而现在，回到家只不过几个小时，我的父亲就准备把我武装起来。他让我带上手枪，领着我到野外去练习射击。

"我绝不逃走！"我说。

"不，你必须逃走！"父亲喊道。

"我永远不会那样做的！无论发生什么事，我都要跟你们在一起。你曾经把我一个人留在了布达佩斯，我不想再这样，我绝不逃走！"

"嘘！你不明白到底有多危险。你一定要听我的！"

"我不！除非你跟我在一起。"我说。

我深爱我的父亲。在我离开他的这些年，我非常想念他。如果我只能像一只受伤的野兽一样躲进深山老林里，那么我回到巴甫洛沃又有什么意义呢？

其实我们没有时间可以犹豫，纳粹替我们做出了决定。第二天，德国人和匈牙利人包围了我们的家并把我们全部都抓走了。

但是，即使所有这一切都没有发生，即使我没有在布达佩斯掌握作为一名机械师的技能，在奥斯维辛集中营里，父亲也会编造出另一个故事，并且告诉德国人我拥有某项技能。这就是他的计划。在奥斯维辛集中营的大门上有一个标记，上面写着"Arbeit macht frei"（"劳动让你自由"）。通过让我志愿当一名机械技工，我的父亲保护了我。他用这种方式让德国人明白，这个犹太人男孩有着某种他们可以利用、可以剥削的技能，因此不应该被直接送进焚尸炉中焚烧。

父亲刚把我的技能说出来，两名德国人马上就把我带走了。然后，我做了一件我根本就不应该做的事，一件无比愚蠢的事——

我逃跑了！

至今我仍然搞不明白为什么要逃跑。在奥斯维辛集中营，到处都是围墙和士兵。难道我知道应该逃到什么地方去吗？我说不上来。但是，无论如何，我跑了。

我拼命地往前跑，才跑出几步，就听到了一只德国牧羊犬的狂吠声。我努力甩动胳膊，尽量迈出大步，以前所未有的速度向前奔跑。牧羊犬的吠声越来越近了。我扭过头去，迅速地向后看了一眼，发现狗已经逼近了我。就在这眨眼之间，牧羊犬一跃向前，用牙齿紧紧地咬住了我的腿。我低头一看，发现整只狗都挂在了我的小腿上。于是我用双手猛推它的头，使劲地掰，希望它能够松口，而它咆哮着，反倒咬得更紧了。最后，这只狗松了口，但是却叼走了一大块肉。鲜血顿时喷涌而出，射在了我的囚服上，到处都是鲜血淋淋。我强忍着没哭。我不要在父亲面前哭，也不要在其他男人和男孩面前哭。

两名士兵先仔仔细细地对那只狗进行了一次全身检查，确保它没有受伤。然后，他们一把就把我抓了过去，我已经站不起来了，摔倒在地上，他们拖着我离开了。当时我想，或许晚上我还能再次见到父亲，但是事实并非如此。

那天是我进入奥斯维辛集中营的第二天，也是我最后一次见到我父亲。

德国人把我拖进了洗衣房。他们是想先让我执行一个比机械作业更加简单的任务，还是想惩罚我试图逃跑的行为，我无从得知。但是，在我向他们展示了我的"百米冲刺绝技"后，我必须尽快向德国人证明我是一个非常勤奋的工人，一个他们可以好好利用的人。

我在集中营的第一份工作是清洗纳粹的制服。我完全不知道该如何做。在巴甫洛沃，我们家有一个女仆，她会清洗我们所有的衣服。但是，我还是立即抓起一把刷子，拿起了一件党卫军士兵穿的衬衫，快速地、非常卖力地擦洗了起来。衣服堆积如山，当我清洗到一半的时候，不幸的事情发生了。由于我洗刷得太用力，毛刷把一件衣服的领子撕开了。在我边上走来走去监工的那个德军士兵愤怒得满脸通红。我已经不记得他当时说过什么话了，但是我清楚地记得他手上那根鞭子。他狠狠地抽打着我，直到我浑身是血才停手。他是想杀鸡给猴看。在狠狠地鞭打了我一顿之后，他把那件衬衫揉成了一团，用力地甩在了我脸上，然后恨恨地走了。

这件衬衫对这名士兵来说已经是一件无用之物了，但是对我来说并非如此。我把它藏了起来。在洗衣房里，有一个很好心的男人，他知道如何缝制衣服。他给了我一枚针和一根线，教我学会了一些简单的缝衣服的技巧。我把这件衬衫缝补好了。直到今天，我仍然不知道，我哪来的勇气穿这件衬衫，并且把它穿在我的条纹囚服里面。这实在是一个疯狂之举，因为没有任何一个囚犯有胆量穿上这么一件衬衫。但是无论如何，我穿上了。从那天开始，士兵们对我的态度似乎变好了一点。也许，他们认为我算得上是一个"人物"了：一个比较重要的人，一个不能被杀死的人。其他囚犯对我的态度也变好了一些。你一定要记住，有些"kapos"（"囚犯头子"，从囚犯中选出来的监工）原本也是犹太籍囚犯，但是他们却特别冷酷、特别残忍，因为他们想取悦于德国人。他们当中的有些人以为，如果对囚犯特别严苛，德国人就不会惩罚他们。在很多时候，有的囚犯头子比某些德国士兵还要残忍。不过，当我穿上这件缝补过的德军士兵的衬衫时，什么事情也没有发生。当我穿着这件衬衫时，囚犯头子也没有来惹过我。

这件衬衫肯定有某种特殊的意味，我想。所以我一直穿着这件衬衫。事实上，不久之后我又故意撕破了一件衬衫，这样我就拥有了两件衬衫。

第一次穿上这件衬衫的那一天，也是我第一次明白"衣服可以拥有权力"的日子。衣服不仅仅能够让人"堂堂正正地做一个人"，而且还可以拯救一个人。衣服之于我是如此！

毫无疑问，任何人都可以肯定，在纳粹集中营里以这种方式上第一堂裁缝课，绝对不是理想的学徒生涯的开端。我当然更喜欢在萨维尔街或者米兰的工厂里磨炼我的手艺。然而，回首往事，我发现在集中营的那段时间确实标志着我开始了新生活。真的非常奇怪，两件被撕烂的纳粹士兵衬衫居然帮我这个犹太人创建了在美国最著名、最成功的定制西服的公司。

上帝真是一位黑色幽默大师！

第 2 章　身陷奥斯维辛集中营

在奥斯维辛集中营的无数个日日夜夜里，我没有一刻不担心自己会死去，但是，我也几乎同样害怕自己死不了。

我们被死亡、黑暗、疯狂和谋杀吞噬着。集中营里极度刻板的生活和无比严苛的制度，使得许多人精神错乱、道德崩溃，这使得这里的一切显得更加怪诞和残酷。

每天早上大约4：30左右，我们便会被叫醒，然后一字排开，进行日复一日的点名仪式。此时我的心脏就会开始在胸口怦怦直跳。在这过程中，其中的一名纳粹士兵会转动着他的指挥棒，并且用眼睛扫视整个队列，而另一名纳粹士兵则会拿出囚犯的名单大声点名。如果有人表现出任何一丝患病或疲劳的迹象，那么他就会被拉出队列，然后送往焚尸炉。

焚尸炉不分昼夜地熊熊燃烧着，滚滚的浓烟夹带着尸体残渣从高耸的烟囱里喷涌而出，它们直接喷入空气当中。晚上，你可以看到喷射出来的火焰照亮了黑暗的天空。但是，在集中营里，没有任何一个人向我说起过焚尸炉的事情。我不知道这是不是因为我只是一个小男孩，或者因为我的身边再也没有父亲和年龄稍大些的亲人了，因此也就没有人把这些可怕的真相告诉我，但是我仍然能够感觉到，这里一直在发生着各种各样令人恐怖的事情。

早上点名之后，我们会分到一些外观类似于黑咖啡的稀粥样的食物。生病或虚弱的人是最危险的，所以无论稀粥的样子看起来是如何令人难以下咽，或者它的气味闻起来是如何令人作呕，但我都强迫自己吃下去。下午吃的也是液体食物，通常是某种汤，在汤里经常漂浮着头发、昆虫的尸体或其他不明物体。日落之后，他们会给我们吃混合着木屑的黑面包。只喝汤水会让你瘦成皮包骨，而面包应该会使人变得强壮一些。因此，我会把面包中的污物尽可能地挑出来，尽量多吃一些面包，并且想方设法用衣服把伤口掩藏起来。

在洗衣房工作了七天之后，我被转移到了分类室工作，主要是封装从新到的囚犯那里没收来的物品。在分类室里，大约有五十个囚犯，负责梳理和筛选堆积如山的衣服、鞋子以及其他财物。有时候，囚犯们偶然会在某个袋子的折叠处或者某个大衣口袋的夹缝里发现一丁点儿食物，如果囚犯们想偷偷地咬上一小口，那么囚犯头子就会用鞭子来伺候你，当然，他自己则通常会把这些食物占为己有。

在对囚犯财物进行分类的工作间隙，我不会放过任何一个可以偷偷看一眼那一堆堆物品和衣服的机会，我总是希望自己能够看到属于我家人的某样小物品。我在那个时候的想法是：只要看一眼，我就能够认出来，只要出现他们的东西，那就代表他们还活着。但是，我从来没有看到过属于我家人的任何东西。直到今天，回首往事，我才知道这种虚假的、残酷的希望，就像是一个无形的阶梯，它让我活了下来。是的，希望筑成了梯级，迫使我努力生存下去。

几个星期过去了，被送进来的新囚犯越来越少了，起先堆积如山的物品也变得越来越少了。德国纳粹又把我调到了瓦工队。在那个时候，盟军轰炸机已经深入德国境内，炸弹经常落在奥斯维辛集中营附近地区，到处都是断壁残垣，因此，我们的服务是非常受欢迎的。当然，我对建筑和土木工程一无所知。我所在的工作小组的"领导"是另一名囚犯，他把我带到一大堆砖块之前，然后塞给我一把泥刀和一只泥浆桶，让我在正式投入工作之前好好学习怎么砌砖。

这份工作非常辛苦，因此每一个日子都很漫长。我竭尽所能，拼命让我这副十几岁的纤薄身板能够跟上那些年长的、强壮的人。不知何故，当我在砖面上抹上一层厚厚的砂浆，然后再慢慢地把它抹得平整光滑时，我的思绪总会悄悄地飘回巴甫洛沃。我的眼前总会隐约浮现出外祖母盖特尔烘焙出新鲜酥软蛋糕时的场景。不久之后，我已经能够完美地把思绪和手头上正在做的事情完全分离开来了。事实上，当我思绪飘飞时，我的工作速度反而更快了。

然而，即便如此，无论我们如何努力工作，那些纳粹分子还是会无缘无故地残杀我们这些囚犯的。

杀戮非常频繁，随时都有可能发生。有一天，我们组的另一个小男孩和我一起接到命令，要砌好一面砖墙。早上列队点名一结束，我们就开始工作了。到了下午晚些时候，我们已经高质量地砌起了长长的一面墙，我们甚至为自己的这个小小成就而感到自豪。有了这种心情，我们的工作进展得更加迅速了，砖块也叠得越来越快、越来越整齐，墙面很快就有五六英尺高了。我们一边工作，一边天马行空地聊着天。突然，我听到了一声枪响。当时我并没有想太多，因为枪声实在太平常了，我的耳边时常会响起步枪的"呼呼"声以及机关枪扫射的"突突"声，因此我继续一边砌砖块，一边跟那个小男孩聊天。接下来我问了他一个问题，但是他并没有回答我。

我再问了一遍。

他依然没有声响。

我这才扭过头去看他。就在离我几码远的地方，那个小男孩脸朝下躺在污泥地上，一动也不动，身下漫出了一大摊血，血印正不断地扩大。我后来才知道，纳粹党人经常以小孩子为靶子练习射击。

在我的家乡巴甫洛沃，在大多数文明社会里，构成我们日常生活基础的道德秩序是非常明确的：勤奋工作，公正，公平，诚信。这些美德会结出可预期的丰硕果实。但是在集中营里，所有这一切全都被彻底颠覆了。任何一个微不足道、莫明其妙的理由都能使德国人做出杀人的行径，实际上，有时候根本不需要任何理由。试着辨别和判断他们的逻辑是徒劳的，因为他们的所作所为根本就没有什么逻辑可言。如果某个纳粹党人发怒了，他就有可能杀了你。如果某个纳粹党人高兴了，他也有可能杀了你。发怒也好，高兴也罢，结果根本没有任何不同。

这种灭绝人性的、肆意妄为的杀戮让我们感到无比绝望，而这正是希特勒和追随他的党徒们所希望达到的目的。事实上，所有这些看似随机出现的事情——虐打、屠杀——其实根本不是随机的。这是一种系统性的心理私刑，它的目的是：绞杀人心和人性，让人们不敢再相信善恶终究有报；颠覆道德根基，让人们不再企盼正义必会伸张。让我备感惭愧的是，这种策略对我似乎非常有效，很快地，我对死亡就开始变得麻木了，对堕落和邪恶也变得麻木了。在我的内心深处，某种原始的、只在乎自己能否生存下去的开关被打开了，它使我能够无动于衷地沉浸在一种前所未有的情绪之中，使我可以漠然地面对种种原本可能彻底灼伤我双眼的邪恶。

我亲眼目睹了许多次枪击事件，并且协助搬运过许多具尸体。有时候，尸体完好无损，受害者就像睡着了一样。有时候，子弹会穿裂受害者的身体，内脏器官从伤口中溢出。又有时候，尸体的头颅已经被击得粉碎，大片大脑组织清晰可见。随着时间的推移，不管在什么情况下，我都能表现得无动于衷了，任何一具尸体在我眼里就是一件东西而已，那只不过是一种面色蜡黄、毫无血色、瘦瘦长长的物体，这种物体必须被拖运走和清理掉，必须被我们这些囚犯高高举过头顶扔到一堆堆的尸体山上，或者被扔到某个坑里去。我只不过15岁，却成了一名职业送葬者。

而且，有些孩子甚至比我还小，也与我一样陷入了同样的深渊。对我来说，重要的一点可能在于，在布达佩斯的妓院里生活的那几年，我成了一名机械修理工，学会了如何独立地生存下去。有时候我禁不住想：这是不是上帝的一种刻意安排？布达佩斯对我来说，就像是一个新兵训练场，我先在那里呆的几年，为我后来要过的孤苦生活做好了准备。

生活在奥斯维辛集中营里，有些日子似乎凭空蒸发了，因为那些日子从早到晚单调得可怕，很多天就像特别漫长的一天一样。而在其他的一些日子里，却总会发生一些"不和谐"的事件，在几十年之后的今天，这些事件仍然会清晰地出现在我的噩梦中。比如说，在我的梦中，至今时常会出现我第一次遭到另一名囚犯毒打的场景。

那天早上点名的时候，一名党卫军士兵厉声地喊着我的号码。**这一天终于来了**，我心想，**我即将成为无数消逝者当中的一员**。另一名党卫军士兵把我从队列中拉了出来，命令我站到一边去，远离其他人。我在那里站了一个多小时。有时候，列队点名要花上好几个小时，因为那些德国士兵会一遍又一遍地数着人，以确保能够把我们当中最病弱的人都找出来。我们在前一天晚上睡梦中是活着的还是已经死了，对他们来说没有什么关系，我们只是一副副身躯，每一副身躯都已经编上了一个号码，最终都得按号码"归位"。

点完名后，一名纳粹分子猛地把另一个男孩拉出了队列，命令他站到我的旁边来。这个男孩和我从来没有讲过一句话。从相貌上看，他似乎比我稍大几岁，因为他至少要比我高出 6 英寸。

其余的囚犯们被解散了，各自开始了他们一天的苦役。我和男孩则被带到了一个我以前从来没有去过的房间。当我们走进房间时，四周的墙壁上全都回响着鞭子抽打肉体时所发出的"噼啪"声，以及囚犯们的哭喊声。

囚犯们一小群一小群地分散在房间的各处。每一小群囚犯都由一名或两名党卫军士兵审问。那个纳粹分子把我和那个男孩带到了房间里的一个空位上，然后用他的指挥棒戳了戳我的胸板。

"你的父亲是一位虔诚的信徒吗？"他问。

"不，我的父亲不是一位虔诚的信徒。"我说。

"我再问一遍：你的父亲是一位虔诚的信徒吗？"他大声地说。

"不！不是！他不是！"我回答道。

"你的父亲现在在哪儿？"士兵问。

"我不知道他在哪儿，"我说，"他可能在集中营的某个地方。"

"告诉我他的号码。"

"我不知道他的号码。"

"告诉我他的号码，立刻！马上！"

"我不知道。"我撒谎道，我希望能够保护我的父亲。

"蹲下！蹲到地上去！"他吼道。

我尽量蹲到最低。这时，这位士兵转向了我的狱友。

"你，狠狠地鞭打他！现在！"士兵命令道。

我回头一看，看到德国人递给那个男孩一根类似棍子一样的东西。"抽打他，现在就动手！"德国人命令道。那个男孩知道，我们全都知道：如果流露出一丝一毫的怜悯之情或者不用尽全力去抽打另一名囚犯，那么他自己马上就会受到惩罚。我眼睛直视前方，肌肉绷得紧紧的，等待着棍子落下来。男孩扬起了他的胳膊，棍子落下来时，刚好落在了我的右肩胛骨的中间部位。我的胳膊肘随着棍子的走势沉了下去，后背感到一阵剧痛。

"再打，狠狠地打！"士兵大声喊道。第二棍打中了我后背的另一个地方，我尖叫了一声。"再来一棍！"纳粹分子大声嚷道。我的胳膊颤抖着，身体也变得越来越沉重了。第三棍恰好打在了我的脊椎上，直接把我打趴在了地下，脸碰到了地面。我肮脏的脸上布满了一条条泪痕。士兵命令我站起来。

"你父亲是一位虔诚的信徒吗？"士兵又问，这一次他面带微笑。

"我不能说谎，我的父亲**不是**一位虔诚的信徒，他**不是**！"我说。

"我们走着瞧！"他说。这名士兵转过身去，怒视着那个男孩。

"那么你的父亲呢？是一位虔诚的信徒吗？"士兵问。

"不！他不是！"他回答道。士兵用他的指挥棒往下一指，然后命令道："蹲下！"

男孩蹲了下来。德国人把刚刚打过我的那根棍子递给了我。"用棍子抽他，狠狠地抽！"纳粹分子命令道。我低头看着棍子，看到它已经被我的鲜血染成了红色。

"用棍子抽他！"

我举起胳膊，让棍子落在男孩背部的中间。

"再打！"

就在这一刻，我意识到，这个男孩刚才帮助了我，他故意不打在同一个地方。我想回报他的好意，第二棍我瞄准了一个低一点的位置，但是我失手打在了他的尾骨上，男孩哀嚎了一声，膝盖软了，一下跪倒在了地上。

我打了一个我不想打的部位，内心非常愧疚。但是我知道，哪怕只表示出一丁点儿温情和歉意，我们两个人就会遭到纳粹党卫军更可怕的惩罚。

"再打！"

这一次，我把目标锁定在了他背部上方的肩胛骨处，那里有一大片地方都不曾被打过。这次我完全击中目标，没有打错。

"往上！上面！上面！"

男孩不断地倒下，然后又不断地站起来。

"你的父亲是一名虔诚的信徒吗？"士兵问他。

"不！他不是一名虔诚的信徒！我不知道他在哪儿，但是他根本不是一名虔诚的信徒！"

我的双眼急速地扫视了一下整个房间，周围到处都是这种血肉横飞的残酷场景，囚犯们相互抽打着，在纳粹分子的指挥下演奏着残暴的交响乐。

我们到底做了什么应该承受这一切？他们怎么会如此地我们？他们甚至连我们的名字都不知道。我这个问题无疑过于幼稚和天真了，它根本就没有答案。

"回到你原来的地方去！"纳粹士兵厉声说道。

在那一天剩下的时间里，我心乱如麻，一直都在胡思乱想。父亲有没有遭受折磨？他有没有说一些激怒他们的话？父亲有没有告诉他们我的号码？我心理上的痛苦完全不亚于棍子打在我后背上给我带来的痛苦。

第二天早上的点名过程和前一天如出一辙。同样是我和这个男孩被命令出列，然后被拖去审讯室。然后同样地，我们在试图保护我们的父亲时被迫相互毒打。我们每否认一次——"不！我的父亲不是一位虔诚的信徒！"——我就感到一种莫名的骄傲，还感受到了一点点儿胜利的喜悦，我们并没有白白牺牲我们年轻的身躯，尽管我们被迫将对方抽打得血肉模糊。

连续五天，天天如此。他们让两个男孩相互毒打了整整五天，但是，我们没有一次放弃过保护我们的父亲。

我忍受了将近一个星期的毒打别人和被别人毒打的过程。我背部的皮肉已经完全开裂，就像一条条纵横交错的深深的战壕。我自己看不到伤口，但是我能感觉到后背似乎是一个盛放鲜血的槽子裂开了，鲜血在那一条条长长的纵横交错的伤口深处蔓延，并且慢慢地渗出来，浸湿了我的后背。我尽力调整站姿和坐姿，尽量不让我的衬衫碰到我撕裂的皮肉。

在我最后一次被毒打的第二天，终于回到了我自己的营房。在那里，站着一个我以前从未见过的德国人，他主动走上前来跟我说话。他是一名医生，他的工作就是在一种被称为"穆斯林"检查（Muselmann inspection）的医学仪式上扮演上帝的角色。"穆斯林"是我们在集中营里使用的一个词语，用来描述那些行尸走肉一样的人。这些扮演上帝角色的医生可以做出决定，对于一个生病的或营养不良的囚犯，是把他抢救回来，还是用毒气把他杀死，或者把他直接焚烧掉。当我看到这个"**穆斯林**"医生的时候，吓了一大跳。

这个医生把我的身体转了过来，掀起了我的条纹制服和纳粹衬衫，用手指摸了摸我的背部，那里是一堆松松的肉瓣，因为肌肉裸露在外，几乎完全没有皮肤覆盖。"明天要运一批人到布瑙（Buna）去，"他平淡地说道，"你的号码也在名单里，你会被运走。"他没有问我任何问题，也没有作出任何解释。但不管是什么原因，这个德国医生决定救我一命。我后来再也没有见过他。

离波兰的奥斯维辛集中营5英里处，有一个名叫莫洛维茨（Monowitz）或"布瑙"的分营。"布瑙"这个名字源于一家工厂，那是位于那里的一个隶属于法本公司（IG Farben chemical conglomerate）的丁二烯合成橡胶工厂（butadiene synthetic rubber factory）。党卫军把犯人卖给法本公司，让他们在法本公司的各个工厂像奴隶一样地劳作。另外，这个公司还生产氰化氢毒气，那是用来毒杀犹太人的。

从在车间里劳作到挖掘沟渠，再到记账，法本公司命令我们这些奴隶劳工从事所有的劳动，掌握各种各样的技能。工作条件如奥斯维辛集中营一样艰苦，每天要工作11个小时以上，在夏天还实行三个小时轮班制。但是由于这些囚犯是法本公司付钱买来的，所以纳粹分子倒是不太倾向于杀人取乐，他们通过安排囚犯从事有生命危险的工作来实施惩罚，比如安排囚犯去挖矿。然而，在布瑙集中营存在的两年多的时间里，在德国人送进布瑙集中营的囚犯当中，死亡囚犯的总数仍然达到近23 000名。

当我来到布瑙集中营后，我什么都没有说，也不曾向任何人诉说过我后背的伤带给我的痛苦。布瑙集中营有一个医院，但是当时我心里非常清楚，寻求医疗帮助无异于给自己购买一张死亡通行证。虽然默默地承受痛苦也许是愚蠢的，因为感染夺走了无数囚犯的生命。但是另一种选择——就医——则是更加愚蠢的，因为它比任何致命的疾病都让人死得更快。

如果真的快要死了，那就死吧！我想。

布瑙集中营里人满为患，居住环境也极其恶劣。在我到达那儿的第一个星期里，每天都是在大汗淋漓中醒来，但又冷得瑟瑟发抖。由于没有办法再隐瞒我的病情了，于是我决定孤注一掷，悄悄地向一名囚犯头子寻求帮助。他说他会设法送我去医院，但并没有警告说要把我的病情报告给纳粹士兵。

令我吃惊的是，我发现医生居然也是一名囚犯，而且令我更加吃惊的是，他说认识我父亲。重新与父亲联系上了，这令我非常激动，尽管这种联系是多么的脆弱，但是它依然使我精神振奋。

"你的工作会让后背再度受伤的，"医生说，"如果你再负重弯腰或举重，你的伤口就会再度裂开，无法正常愈合。事实上，只要你做任何一项繁重的体力劳动，伤口就永远不会愈合。"他说他会设法重新安排我的工作，让我到医院去工作，这令我高兴万分。

我想，**虽然我身边到处都是生病和濒临死亡的人，但是在医院里，至少不会再发生随意杀戮的事情了。**

但是我错了。在医院里，虽然没有了枪声，但是纳粹分子仍然在大肆地屠杀，只不过他们用的工具不是枪而是苯酚，他们把大剂量的苯酚注射进囚犯的心脏而致其死亡。

在医院里，早晨对病人的点名工作通常由医生来负责。一些囚犯医生和囚犯之间通常存在着某种无声的支持。当某个医生看到某个犯人病得很重或者遇到困难时，他通常会设法给病人用更好的药或给他提供额外的食物。我也加入到了这个谨慎的团队中，尽我所能地利用我微薄的力量不放过任何一个能够帮助病人的机会。当某一个虚弱的病人有被挑选出来的危险时，我就会自告奋勇地去帮助他。

医生们并不傻，他们知道我正在做什么。可悲的是，很多病人最后还是死了，因为他们实在是太虚弱了。病人当中，只有极少数人能够治愈并重新回到集中营去工作。不过，虽然我没有能力为他们做更多事情，但是每一次，当我告诉他们，他们肯定可以回到工作岗位上时，他们的眼里都流露出感激之情。我想，这可能是因为他们发现自己还是有价值的，我帮助他们找回了一点点做人的尊严。对我自己来说，同样也是如此。

我在布瑙医院的一项主要工作是准备并派送病人的食物——一种"汤"。由于我的制服里面穿着一件纳粹衬衫，因此当我在医院里来来回回不断地走动时，没有人会产生怀疑。而且，我的操作有些时候是在没有别人监视的情况下完成的，这使我能够把更多的食物派送给更需要的人。有一次，连续好几天，我都给一个与我来自同一个镇的人带去了一些额外的食物，直到他终于恢复体力。帮助他活下去的是上帝，而不是我。但是，这仍然让我很高兴，因为上帝选中了我，使我能够利用这种不足为他人道的方式去帮助一些我认识的人，让他们恢复健康。

在医院里工作的那段时间，所有想象得到的疾病类型我都亲眼目睹过：肿胀的身躯，布满丑陋皮疹的尸体，骨骼和皮肤紧绷得像一面鼓一样的躯壳，被炸弹炸得四肢不全的尸体。我还曾经把许多尸体运出医院。

布瑙集中营的环境恶劣程度绝对不亚于奥斯维辛集中营：所有人都紧贴着挤在一个巨大的睡架上，每个人都必须学会步调一致地翻身或调整身体姿势。尽管德国人希望防止伤寒或疟疾的暴发，但是卫生条件实在太糟糕了。一个星期淋浴一次是一件奢侈的事情。睡觉时被狱友撒了一身尿或拉了一身屎是常有的事。夜间的盗窃也是一个问题。有的囚犯可能会节省下一小片黑面包并且把它藏起来，但是多半都会被另一名囚犯偷去吃掉。

当我的后背基本痊愈，我就不能继续在医院工作了，他们重新安排我到布瑙的工厂工作，我的任务是维修被炸毁的建筑物。有一次，在工厂工作时，我被分配去用机器切割木板。我太累了，有点分心，眼睛没有始终盯着木板，结果机器切掉了我的一根手指，还差点把我的整只手都切下来。

由于布瑙橡胶厂在德国国防工业中有着非常重要的地位，因此它成了盟军轰炸的重要目标。我记得布瑙集中营至少被轰炸过两次，第一次是在1944年12月18日，当警报响起时，美军的B-17和B-24轰炸机已经在我们头顶上隆隆作响了。我急急忙忙躲起来，同时祈祷炸弹不要炸到我们，而去炸那些把我们抓捕进来的人。

炸弹的冲击波和爆炸声让我激动不已。美国人每投下一枚炸弹，我就知道我们离解放更近了一步。这次不再是精神上的安慰了，上帝动真格了，战果是辉煌的。大火熊熊四处肆虐，浓烟滚滚喷涌而出，不过这一次，浓烟并非来自焚尸炉，而是来自德国工厂的废墟。

紧接着，美国人在八天后又发动了一次更加密集的轰炸，彻底捣毁了布瑙集中营。这一次，当警报响起时，我注意到了一些在上次美军轰炸期间我错过的场景：纳粹党卫军们四处逃窜，急忙寻找藏身之处，惶急之相犹如暴露在灯光下的蟑螂。**他们终于感到害怕了，看到这一切，是多么的大快人心啊！** 我想，**他们终于遇到比他们更强的对手了，真是太好了！**

当警报解除后，纳粹士兵们又从废墟的各个缝隙里爬了出来，试图重建他们的集中营。但是毫无疑问，像雨点般落下的、不断炸响在布瑙集中营中的炸弹已经带来了明确的信息。虽然轰炸持续的时间并不太长，但是已经足够提醒他们，他们的死期就要到了。炸弹的巨大威力令他们无比震惊，他们绝大多数人都害怕得瑟瑟发抖。看到这一切，我感觉真是太好了，特别特别的好！

第 3 章　死亡之旅

1945 年的冬季特别寒冷，彻底击垮了布瑙集中营。

我自小在喀尔巴阡山脉地区长大，我以为自己能够适应严寒的天气，可以忍受刺骨的寒风，能够度过冰冷的长夜。但是，这个冬季，我真的无法忍受。晚上，裹着德国人发给我们的薄薄的毯子，我的双手双脚都被冻得完全麻木了。早上醒来时发现身旁的狱友被冻僵已成了一件司空见惯的事情。

这一年，新年到来之前的频繁空袭让我们精神振奋。时常有消息传来，苏联和美国的军队正在不断地收紧对希特勒的包围圈。之前的轰炸并未让我们得到解放，但是这一次似乎与以前有所不同。这一次，我真的感到脚下的大地在震动。

集中营里的囚犯们喋喋不休地谈论着随时可能的撤离。到了这一年的 1 月中旬，苏联军队的大炮声已经逼近布瑙集中营了。那个时候，布瑙集中营仍然关押着一万多名囚犯，德国人要让我们转移到哪里去，怎样才能把我们神不知鬼不觉地转移走，没有人知道。由于我的手受了伤，因此我又回到医院去工作了。无论如何，有一件事情我是非常清楚的，集中营里有数百名非常虚弱的囚犯，他们几乎连动弹一下都不可能，更不要说活着撤离了。

几天之后，我们这一营区的囚犯头子把我们召集在一起开会，证实了这个撤退的传闻：我们将在第二天晚上开始撤离。德国人的计划是，把几十个集中营分部全都清空，让数以万计的囚犯们全部都汇聚到格莱维茨（Gleiwitz）去。这次的夜间行军，将成为历史上臭名昭著的一次死亡之旅。

在天寒地冻的晚上行军，你穿多少衣服决定了你能否存活下去。于是，囚犯们争先恐后地收集额外的衣服，并且把伤口里三层外三层地包扎好。为了抵御严寒，有些囚犯甚至把垫在睡架上的稻草抽出来塞在身上，还有的囚犯把空水泥袋子裹在制服里。我跑到医院里，抢到了一双梦寐以求的袜子、一件衬衫和一件夹克。在集中营里，保护脚是一大考验，囚犯们都没有配给袜子，唯一的一双"鞋子"，其实就是用细细的麻绳绑着的荷兰式木屐，在经过几个小时的行走或跑步之后，囚犯们有的脚上满是水泡，有的甚至脚底大片大片的皮都被磨下来并粘连在木屐底上了。在医院工作的时候，我曾经看到过，有的人整只脚都受到了严重的感染，或者完全被冻裂，甚至脚部溃烂，能看到里面的骨头。布瑙集中营与格莱维茨大约相隔25英里，我非常清楚，行走在这条覆盖着厚厚积雪的路上，要想活下去，保护好自己的脚是至关重要的。

德国人多给了我们一些面包，还给每人加发了一条薄薄的毯子。在日落的时候，党卫军们把各个营区的人分别集中起来，组成了好多个"千人队"。一些父亲们和儿子们挤成了一团，希望能够被分入同一个组里，一同去格莱维茨。我是多么渴望自己也能够和父亲在一起啊！

我被编入了医院组。只有健康的或者至少自己会行走的人才允许加入撤离的队伍。德国人在布瑙集中营里留下了大约850个重病的囚犯，任他们自生自灭。当数天后，苏联军队到达这里并解放布瑙集中营时，这850个人里面已经有250个人死亡了，另外还有一些则奄奄一息，根本无法存活。

一个医生命令我帮忙推一辆药品供应车，我努力让自己保持积极的态度。

与可以用来救死扶伤的药品更接近，有一辆车子可以依靠一下，或许能够帮助我呢！我将跟着车辆稳步前行。我这样告诉自己。

整个纵队寂静无声，探照灯照亮了整个营地。我目不斜视地盯着大门看，所有人都戴着帽子排成队列站着不动，静静地等待着，从大家口中呼出的气在寒冷的空气中结成了冰霜。我悄悄地摇摇胳膊抖抖腿，希望在刺骨的寒风中站着等待时自己全身的血液也能够保持流动。

"向前进！出发！"

我身子前倾，用力地推着车子，希望它的轮子快速地转动起来，但是轮子只动了几英寸就卡住了。几经努力，我终于推着车子走出了营地，当经过大门时，我尽量压低我的头，以便让呼啸的寒风只在我背后肆虐。"快！快！"党卫军士兵喊道。我稳了稳呼吸，清空了大脑中的杂念，就像我在完成砌砖工作的过程中已经学会的那样。

我在雪地上吃力地推着车子，车轮子压着雪，发出了"咔嗒咔嗒"的声音，同时车轴也"叽叽吱吱"地响着。我调整自己的身体姿势，试图与这个移动药房形成一个适当的角度，以便把我身体本身的重量从我脚上转移到车上。黑黢黢的夜里，大雪纷飞，寒风刺骨。这次行军是一场终极性的耐力测试，它考验的是我们的意志最终能不能战胜身体。我完全没有注意到自己饥饿的肚子发出的"咕咕"声，反而拼命地在脑袋中不断地想象着各种温暖的场景。

"快点！快点！快点！"

随着我的跑动，车子"咯咯"作响。冰冷的空气随着急促的呼吸被深深地吸进了肺部。大雪下个不停，重重的呼吸声、另一些结核病囚犯的咳嗽声，伴随着大家双脚踩在雪地上发出的"嘎吱嘎吱"的声音，充斥着整个夜空。

如果速度慢下来或停下来休息，那么等待你的就是当场死亡。任何一个人，只要他显得步履蹒跚或者倒在了地上，那么就会当场被枪杀。在最初的几英里，不断有枪声响起。走得越久，我听到的枪声也越来越密集。我们早就对枪声习以为常了，因此，虽然枪声不断，但是我们置若罔闻，一直没有停下脚步。我们当然是非常不幸的，我们所有人都面临着随时被屠杀的危险。我们这一群人已经彻底变成了一个移动的靶场。

药品车的轮子由于附着了被碾成泥状的雪而变得光滑了，因而也更容易推动了。不过尽管如此，车子的重量和阻力还是沉沉地压着我的双臂和背部，让我举步维艰。我们走得越远，如山般的积雪就越厚，到后来，药品车的整个车轮都陷进去再也滚不动了。为什么我们在出发的时候要带上药品车？这对我来说简直是个谜。纳粹分子永远不会允许囚犯们使用移动药房的，他们几乎从来不关心我们的健康。更加重要的是，所有纳粹士兵的包裹里都装着必要的急救药包和食物，这辆推车装载的药品对党卫军们毫无用处。

怒吼的狂风夹带着大雪斜斜地砸向了我们的队伍。我现在已经很清楚了，如果推着车子前进，我将永远也到不了格莱维茨，但是我还是和其他囚犯们艰难地向前行进着。有个医生看到我像拉磨的骡子一样艰难地推着车子，就对我说："这辆推车没什么用了，别管它！"于是我抬起手离开了车子并快步地走到了车子前面，以免跟不上步伐或者被纳粹士兵看到。由于突然失去车子的重量，我的身子一时无法适应，在快步行走中突然向前跌了过去，直直地撞到了我前面的一名囚犯身上。"当心！"这名囚犯马上提醒道。队列后面的囚犯们则绕过了推车从两边走过，就像围着某块岩石游动的一群鱼。

大概在我丢掉药品推车一个小时之后，我注意到一些德国士兵开始命令囚犯们帮他们背沉重的背包。几分钟后，一个德国人一路小跑来到我的身边，命令我："把这个背包给我背上！"他边走边把背包扔到了我的肩上。这个背包的重量至少有三十磅，对我这个小小的身躯以及目前这种又累又冷又饿的状态来说，无疑是一个过于沉重的负担。那一瞬间，我失去了平衡，几乎被压倒在地。

这死重死重的东西到底是什么呢？难道是一具尸体吗？

这种扭曲的想法让我低低地窃笑起来。

现在，枪声开始有规律地响起来了。我实在是太饿了，再也忍不住不吃东西了。于是我从外套口袋里撕下一块黑面包吃了下去。我张开嘴跑着，希望我的嘴巴能接住几片雪花，好让它们打湿舌头。

当我嚼着面包、呼吸着冰冷的空气时，突如其来的一阵狂风猛然吼叫着扑向了我们的队伍，一下子就把队列打乱了。猛烈而刺骨的寒风吹得我几乎睁不开眼，它提醒我，我们的周围是一个怎样的世界，我们行走在一条多么恐怖的道路上。我向两边望了望，我看到雪地上横七竖八地躺满了弹痕累累的尸体，这是一个多么恐怖的场景啊！

我们拖着沉重的脚步向前行进着。我意识到我身上背的这个德国士兵的背包很快就会给我带来生命危险，我必须做些什么。我快速地转动着脑子。背包的主人不知走到哪里去了，我完全看不到他的身影。我扭转头越过我的肩膀向后看，发现两个我在集中营里就认识的男孩，我想办法让他们注意到了我，然后示意他们快步跟上我。

"怎么了？"我右边的男孩轻声地问我。

"你饿了吗？"我问。

"是的，饿了。"他说。

"早就饿死了。"另一个男孩也低声说。

"我想我能帮你们的忙，"我说，"我背的这个背包里肯定有食物。"

"你疯了吗？"右边的男孩说。

"如果他发现食物少了，会杀了你的！"另一个说。

"是的，但是至少我不会饿死了。"我开玩笑说。

但是他们并不觉得好笑。

"好吧!"我说,"那么,你们只需要帮我解开袋子看看,然后告诉我里面有什么就行了。"

"如果他们看到我们怎么办?"左边的男孩说。

"他们不会看到的,而且,就像你说的,即使他们看到了,也只会杀了我,而不是你。"

走了几步后,我感到我背上的背包被轻轻地拉了一下,一个男孩解开了带子并打开了背包。在夜色的掩护下,他紧张地托着背包,然后把手伸进背包里迅速地翻找着。"有面包、香肠,还有一个金属外壳的弹药箱和一个医药包。"他说。

"里面没有人头吗?"我调侃道。我已经精疲力竭了,甚至头脑也开始不清晰了。"把那个重重的弹药箱拿出来,然后把它扔掉!"我说。

"你疯了!"其中一人说。

"好吧,我自己扔,"我说,"你只要把这个箱子递到我的右边来就行,放低点。"

我右边的男孩拿出了箱子,让它紧贴着我的臀部,然后把它递给了我。我向前走了大概有十步左右,然后把这个重物扔进了深深的雪堆里,顿时觉得背包轻了许多。

苏联军队的大炮不断地向德军开炮,爆炸声接二连三不断地响,犹如雄壮的行军歌曲,让我们获得了动力,激励着我们向前行进。但是,饥饿感,该死的饥饿感,并没有一丝一毫减少。而且,我的脚都快冻成冰块了，走路好像是在踩着高跷慢跑。

我需要能量。"把面包递给我，我会分给你吃的！"我右边的男孩没有浪费一分一毫的时间，他的手就像一只长矛那样刺进了我后背上的背包袋子，拿出了一条面包递给了我。

"这个，"我说，"大家分了吃！"我撕下一大块，把剩下的面包像接力棒一样传给了后面的男孩，两个男孩的手都同时接住了面包。这些面包远比我们自己的要新鲜多了。我撕下一片软软的面包塞进了嘴里，轻轻地闭上双眼，尽情地享受着它的美味。这肯定是我这辈子吃过的最美味的面包，甚至比我母亲和外祖母自制的面包还要好吃。我的舌头四处搅动，感受着面包的松软，让自己沉浸在美味当中。

吃完面包，我停了一会儿，然后要旁边的男孩把香肠拿出来吃。我们家一向吃的是犹太食品，但是如今情况不同，我相信上帝会原谅我的。"递一根香肠给我！"我说。我咬下了一口咸肉，它的味道真好；我再咬了两口，然后把它递给了那两个男孩。

我们美妙的晚餐和遐想时光非常短暂。我们这个队伍的前面一部分人已经走进了一堵风墙雪壁当中。"快走！快走！快走！"党卫军军官咆哮着。天气变得越来越恶劣了，囚犯们一个接一个地倒了下去，然后就被抛在了队伍后面。由于焦渴难耐，有的囚犯嚼着从自己身上取下来的厚厚的积雪，有的囚犯则嚼起了他们从前面的同伴身上取下来的积雪。

"我必须休息一下，"我听到身后响起了一个陌生的声音，"等一下……"话音还未落，那个人就向前倒了下去，我感觉他的指尖滑过了我的背包，似乎尽力想站住不摔倒在地。我继续向前走着。过了一小会儿，我的眼角扫了扫身后，这时，我看见一个党卫军的枪口闪了一下，然后这个男人的身体便在雪地里抽搐了。

枪声越来越密集，囚犯们不断地倒在路上，然后被践踏着。很快，积雪覆盖上来，不久之后就完全掩埋了他们，我们踏着一具又一具的尸体继续向前行进着。我看到的尸体越多，就越偏执地认定，那个德军士兵最终肯定会发现我偷吃了他的东西，然后恼羞成怒，一枪毙了我。我双腿烈火烧灼般的疼痛以及浑身刺骨的寒冷，折磨得我头昏眼花。

如果他真的向我开枪，那么肯定会射中我，我想，我对此完全无能为力，还不如干脆吃了这些药。

这个想法是怎么冒出来的，我无从得知。这无疑是有风险的。尽管我在医院里工作过，尽管我也推过医药车，但是我并没有接受过药理学训练。这些药片可能是维生素，也可能是毒药，我根本分辨不出来。不过，无论如何，这些药片不可能让我的情况变得更糟糕。如果我因为服用了这些药物而死亡，那么我也解脱了，也就永远脱离苦海了；而如果它们增强了我的身体机能，那么便增加了我活下来的机会。于是我决定，如果什么时候队伍停下来不动，我就吞下它们。

我们已经连续走了好几英里，一直没有歇息过。在此期间，我边走边小便两次，尿液沿着大腿流下时暂时温暖了双腿。到后来，这些党卫军士兵们也一定很累了，因为有一个德国军官终于命令我们暂停前进。囚犯们轰的一下齐刷刷地倒了下去，就好像他们是被一根无形的绳子一起拽倒的一样。

我伸开双臂，像一棵云杉那样直直地让身体向后倒去，让自己埋进雪地里。当我抬头凝望夜空时，我的头晕得厉害。星星在夜空中眨巴着眼睛，我从来没有感到过如此孤独。我不知道上帝到底在哪里，在过去的9个月时间里，上帝到底去哪里了？在集中营里，许多年老的虔诚的宗教徒一直保持着对上帝的忠实信仰，他们在晚上默默地祈祷。我很钦佩他们虔诚的信仰，他们承诺永不放弃上帝。我没有信仰危机，我只是一个孩子，我不会去思考那些宏大的、深邃的问题。我只知道，我想要靠近上帝，想要知道他并没有忘记我，他依然爱我。

也许上帝只是一直都很忙，我记得当时我是这么想的，**或许不久之后他会记起我。**

我转过头去，望着这冰冻的茫茫荒原。囚犯们躺在地上，看上去高高低低姿势各异，他们因痉挛或不知名的病痛而抽搐着、扭动着。我不知道现在已经几点钟了，但是我猜想离黎明大概还有几个小时的时间。对于我们这些拖着残病不堪的身躯的囚犯而言，无疑需要通过长时间的休息才能补充体力，但是我知道，党卫军是不会让我们休息很久的，他们很快就会让我们站起来再次出发的。我很想睡觉。笼罩着大地的茫茫白雪把我的思绪拉回到了巴甫洛沃的冬天，我想起了祖父亚伯拉罕和他那匹强壮的马，想起了他策马飞驰在雪原上的情景。为了防止积雪弄湿我的裤子，我双腿弯曲坐着，同时双手抱着膝盖来回摇晃着。在将近一个小时的时间里，我一直陷入沉思当中，直到觉得有人轻轻地拍了拍我的肩膀。

"你现在打算怎么办?"一个声音问道。我转过身去,这是当时走在我右边的男孩,就是他走在我后面,帮我从纳粹士兵的背包里拿东西出来。

"什么?"我迷惑地问道。

"当天亮了,他来找你时,你打算怎么办?"

"谁?"

"那个士兵啊!这个背包的主人啊!"他指着背包说。我忘记了自己还有一个背包。

"药箱,"我说,"我忘了吃药了!"我打开背包,撕开医药包,取出药丸塞进了我的嘴里,和着一把雪硬是把它们吞了下去。

"该死的,你刚才吃了什么?"男孩问。

"不知道,别担心!"

"他很快就会找到你的。你怎么办?你会说些什么呢?"

他是对的。因为不断有人死去,队伍中的人越来越少了,离日出只有几个小时了,我很有可能会被抓住并被杀掉。想到这,我的心怦怦直跳。

"我需要你埋了我。"我说。

"你还没有死!"

"不,我的意思是,在我还活着的时候你就把我埋了。在他们再次开始行动之前,你把我埋到雪底下去,这样他就找不到我了。"

"你会被冻僵的,然后你就会真的死去的。"

"我尽量等着,当大家都在休息的时候,我会找好一个地方并做好准备，然后时机一到，你就把我埋到雪地里。"

他答应帮忙，并说他还会找另一个男孩来协助他。我站起身来，绕着休息中的囚犯们四处走动着，希望能够找到一个完美的藏身之地，一个能够容得下我又不会引起任何怀疑的地方。很快我就发现，沿着我们来时的路往回走几步有一个路堤，在倾斜的路基上可以挖出一个雪洞，我可以藏在那里。这个行动的关键是，把我埋进去后要把雪洞弄平，然后覆盖住洞口，使这个地方看起来就像是从来不曾有人动过的样子。

我在斜斜的积雪表面挖了一个洞，然后把挖出来的雪堆在洞的旁边，以便这两个男孩能够在我钻进洞后快速地把洞口覆盖住。做完这一切之后，我又重新回到了队伍中并找到了这两个男孩。"你们要确保在埋了我之后把雪弄平，"我叮嘱道，"一定要盖掉你们的足印，让他们看不到一丝痕迹。"

"雪下得这么大，不会有问题的！"其中一个男孩说，"而且你放心，我们会弄平它的！"

大约一个小时后，人群开始动了起来，人们开始收拾他们的行装了。我希望这两个男孩有足够的时间来盖住他们的脚印。"这边来，快走！"我说。当我们到那个地方时，我挖的那个洞已经重新被雪盖住了。我又把洞挖了出来，然后跳了进去。"记住把雪弄平，盖住你们的脚印。"我恳求道。他们一起点了点头，等着我爬进去。我脱下外套盖在了头上。"好，把我盖掉吧！"我说。男孩们很开心地轮流把雪倾倒到我的头上。我像一个坐着的胎儿那样蜷伏着，在双膝之间留出了一块空间以便作呼吸之用。

"我们现在正在把雪弄平。"我头顶上传来了一个模糊的声音。我一动不动地坐在我自己制造的这个水晶般的"茧"里。"我们现在回去了,祝你好运!"

这个临时搭建起来的"子宫"保护着我免受寒风的凌虐,它并没有我原先预料中的那般寒冷。我静静地坐着并专心致志地听着,大约半个小时后,我听到了一些微弱的声音,听起来好像是在召集出发,但是我不敢肯定。我又等了好一会儿,然后用一根手指戳了戳这个"茧"的壳,然后这个"茧"就慢慢地开裂了,我就像一只破壳而出的小鸡。我等待着,听着,但是什么也没有听到。

我慢慢地抬起身子,直到我的眼睛能够适应外面这个寂静的白茫茫的世界。我冲破雪堆,手脚并用地从路堤底下爬了出来。我抬头看了看上面的路,一个人都没有。我低头看了看下面的路,还是什么人也没有。"成功了!"我轻声喊着,"我成功了!"

我掸去衣服上的积雪,拧干衬衣裤和袜子上的水,然后寻着队伍之前的足迹来到了几个小时前我们聚集休息的地方。眼前呈现的景象让我驻足不前。路面上横七竖八地躺着一具具僵硬的尸体。我永远不会忘记这个冰冻的坟墓!我一动不动地站着,看着这一具具硬邦邦的、毫无生气的尸体,寒风在我耳边呼啸。他们的面容看起来是那么的祥和,就像他们一个个都沉浸在美梦当中。我甚至有一点点羡慕他们的样子。

我穿过那些没有被掩埋的尸体,回到了路上。我独自一个人。在那一

刻，其实我应该逃跑，是的，我应该赶紧跑。但是，我能逃到哪儿去呢？什么亲人都没有了，我是一个孤儿，是纳粹抓捕的对象。我认为最好还是抓住机会去格莱维茨。**那个德国士兵很可能认为我已经死了，或者被别的什么人枪杀了**，我想。我下定了决心：我要回到集中营去，我也只能回到集中营去。

后来我才知道，我们当初停下来休息的地方距离格莱维茨只有一两英里。一波波来自于各个集中营分部的囚犯们不断地汇集到了格莱维茨，应接不暇的党卫军们早就疲惫不堪了，再加上俄国军队夜以继日地猛攻，他们惊慌失措到了极点，甚至听任我们这些幸存下来的人"尽情享受"集中营中的各种残羹冷炙。我帮助分发食物给那些跟跟跄跄走进集中营的几乎完全冻僵的骨瘦如柴的囚犯们。几个月后，有一个囚犯告诉我，他要感谢我，因为是我分给了他双倍的食物使他活了下来。

在暗无天日的大屠杀的那些日子里，我在格莱维茨的这段时间比在其他任何时候都要吃得好。我尽可能地多装一些食物在自己的衣袋里。那个时候，我觉得自己居然变得出奇地健康。我告诉自己，那个士兵的那些药一定是维生素，它们增强了我的身体机能。无论如何，不管是不是维生素，这些药丸至少发挥了安慰剂的作用，它们更加坚定了我的意志，让我更有勇气活下去。

在格莱维茨过了一两个晚上后，纳粹们把我们赶到了火车站，然后把我们塞进了一节节敞篷的运煤车里。我们在火车上又度过了四个令人无法忍受的日子。前行的列车使得呼啸的寒风比死亡之旅那晚还要更加刺骨，很多人冻死在车里。很早之前，纳粹们就已经使我们根本不考虑要不要举行葬礼的问题了，因此，火车上的任何一个人只要一死，我们立刻就会把尸体丢下车去，以便腾出空间让剩下的人能够蹲得更低一些，避开凛冽的寒风。我提醒自己要随时动一动脚，让肌肉伸缩一下，以保证血液能够流动起来。

我凝视着一节节运煤车上用帽子遮住头的彼此挤在一起的囚犯们，思考着我们是多么不幸的一群人。在我自己这辆车上，我看到了一张张蜡黄的、陌生的脸，所有人的眼神都空洞无物。每隔几英里，我们前面的那辆车上就会丢出一具尸体——某个父亲或儿子的尸体。我们的运煤车经过了很多小镇，许多看上去神情很坚忍的德国人会盯着我们看。

后来，当车内有了足够的空间时，我们便在车上生起了一堆火。当德国人把我们拖向又一个未知的目的地时，我们尽量挪向这些火苗，以便让自己暖和点。

第 4 章　救星艾克终于来了

我们的目的地原来是布痕瓦尔德集中营。1945 年 2 月 5 日，我们的火车终于停在了德国中部城镇的一个火车站，它位于魏玛以北 5 英里处。

我们爬上了一座小山坡，来到了一个新的人间地狱。集中营的铁门上写着一句标语："*Jedem das Seine*"（"各得其所，每个人都得其应得之物"）。在门房墙上还写着另一句标语："*Recht oder Unrecht mein Vaterland*"（"无论是对是错，祖国始终是祖国"）。

布痕瓦尔德集中营宏大的规模和严谨的设计有力地证明，纳粹在落实他们的元首希特勒的屠杀方案时是何等地尽心尽力。布痕瓦尔德集中营是德国本土规模最大的集中营之一，在高峰期，它曾经同时关押过 89 000 名囚犯。当我到达那儿时，集中营已经只剩下高峰时的一半囚犯了。先后有 240 000 人被送进了布痕瓦尔德集中营，而在这些人当中，又至少有 55 000 人死在了里面。

我跟着队伍慢慢前行。我身边到处都是浑身脏兮兮的囚犯。令人恐怖的例行程序已经太熟悉了：脱光衣服，快速地跑去洗澡，坐着让人用修剪工具大把大把地拉扯掉头发，准备接受烧灼般刺痛的消毒剂的喷射，穿上可笑的囚服和滑稽的木屐，忍受各种各样语言上的侮辱和身体上的折磨，接受奴隶般的劳动安排，获得一个本集中营的号码……

无论如何，我已经不再恐惧了。我曾经在奥斯维辛集中营与"死亡天使"面对面抗衡过，我曾经亲眼看着我的家人被拖离我的身边。在布瑙集中营，我躲过了空袭。我成功地走完了冰雪覆盖的死亡之旅到达了格莱维茨。我还待在敞篷的运煤车里经历了为期四天的极其残酷的火车旅程，最终来到了布痕瓦尔德集中营。纳粹的愚昧和野蛮让我怒不可遏。够了，一切都受够了！我想要的只是我原本熟悉的那些东西：我想要我的家人，我想要我的自由！

然而，我又被关进了另一个集中营，被分到了第58号营区。

布痕瓦尔德集中营是一个典型的纳粹死亡监狱，里面配有焚尸炉、刑讯室以及德国人用来做医学实验的医院。不过它有一个明显的例外，那就是，集中营里没有毒气室。本来它是要被安装毒气室的，但是勇敢的囚犯们组成了地下抵抗组织，通过拦截和摧毁电报指令阻止了他们的计划。如果没有这些勇敢的囚犯们，我自己以及数以万计的囚犯们很可能早就已经被毒死了。

在这里，我有45 000名狱友，他们分别来自三十多个不同的国家，他们当中有美国人、英国人、加拿大人以及俄国人，其中有不少人是战俘。那里也有许多希特勒所认定的"劣等人"，比如说耶和华见证人、吉普赛人、同性恋者、身体和智力有残缺的人以及其他类型的人。

第58号营区坐落在布痕瓦尔德集中营内的一个臭名昭著的小营内,那是一个被一重又一重铁丝网围起来的粗制滥造的监狱,饮食和睡眠条件都极其差。对我来说,唯一的安慰是,我将有机会在44 999张新的、苍白的面孔中寻找我的父亲。

布痕瓦尔德集中营的点名比我呆过的其他集中营都更加频繁,也更加谨慎。每当大喇叭里响起集合的命令时,我们就从营地里蜂拥而出,密密麻麻地像蚂蚁一样涌向正大门近旁的一个非常大的"阅兵场"。由于受到盟军的猛烈攻击,纳粹比以前任何时候都更加依赖奴隶劳工了,他们一遍又一遍地反复检查囚犯的人数,简直像患了强迫症一样。即便如此,也时常发生鞭打囚犯的事情,而囚犯们因营养不良和疾病而死亡的事情更是司空见惯。布痕瓦尔德集中营的士兵对囚犯们所睡的床特别在意,他们一定要囚犯们把床整理得尽善尽美。如果看到哪个囚犯床上的毯子有折痕,他们就会疯狂地鞭打他。因此,我每天都得花很多心思确保我那条破烂不堪的毯子平整而光滑地铺在我的床架上。

纳粹党卫军命令我到兵工厂做工。但是后来的某一天,在清晨点完名后,一名德军士兵安排我加入一个由12名囚犯组成的小团队离开集中营,去魏玛及其附近的兵营做一些维修工作。在囚犯当中,离开集中营到城里去工作是一件令人羡慕的事情。有时候,如果你足够幸运的话,你可能会在野外发现一个土豆,或者可以偷偷地藏一个小玩意儿去换点食物。无论如何,这是一个非常难得的机会,能够让你看到外面的天空,逃离恶臭腐烂的尸体,并且确定在铁丝网外面还存在着另一个世界。

我们带着所需的工具走了几英里来到了魏玛市。德军士兵们让我们停在一幢被炸毁的大楼前面，那是魏玛市市长的家。门口停着一辆体积相当大的黑色奔驰车。士兵们命令我们把可以用来维修的沙子砾石筛选出来，把杂物清除掉，然后开始维修大楼。

　　我独自一人走到房屋后面去查看大楼总体损毁的情况。我看到院子里到处散落着一堆堆破砖碎瓦，地下室的门虚掩着，于是慢慢地推开了门。顿时，一束阳光射进了这个潮湿的地下室。地下室的一侧放着一个被铁丝网围着的木笼子，我走近一看，发现笼子里有两只颤巍巍的兔子。"它们还活着，没有被炸死！"我惊奇地自言自语道。笼子里还有剩下的兔食。

　　我打开笼子，拽出了一张枯萎的菜叶和一小块胡萝卜。那是一片生菜，它已经不新鲜了，呈现出褐色，而且污泥斑斑，至于胡萝卜，被兔子啃咬过的地方还带点湿润。我兴奋不已，狼吞虎咽地吃了生菜，并且打算用牙齿把胡萝卜咬成两半后分两次吃。

　　我的好运气显然太过短暂了。"你在干什么？"一个声音大声呵斥道。

　　我猛地扭头看向门口，门框边站着一个怀抱婴儿、衣着华丽、金发碧眼的女子，她是魏玛市市长的妻子。

　　"我……我找到了你的兔子！"我又快乐又紧张，结结巴巴地说道，"它们都还活着，它们是安全的！"

　　"该死的！你为什么要偷吃兔子的食物？"这个女人咆哮着，"畜生！"

　　我默默地站在那里，盯着地板。

　　"我马上去报告这件事情！"她一边说一边跺了一下脚离开了。我的心脏在我瘦弱的胸膛里剧烈地怦怦直跳。几分钟后,一个党卫军士兵命令我走出地下室。我知道等待我的将是什么,但是,知道了又有什么用呢?只会让事情雪上加霜。

"趴到地下,你这条狗!快点!"这个德国士兵厉声喝道。他抓起了他的指挥棒猛敲我的后背。我不知道市长夫人是否看到了这顿毒打。她是那么冷酷无情,怎么会错过亲眼看我被毒打的机会呢?在徒步回到布痕瓦尔德集中营的路上,我的脑海里一遍又一遍地不断重现当时的情景。

一个怀抱着自己孩子的女人,看到一个骨瘦如柴的人正在救她的宠物,怎么可以因为他吃了一点点已经腐烂的宠物的食物而毒打他呢?我当时想。

那一刻,我对死亡的麻木消失不见了,内心里窜出一股异常嗜血的欲望,我渴望复仇,这种渴望对我来说完全陌生,以前从来不曾有过。肾上腺素和愤怒的情绪充斥着我干涸的灵魂,这种感觉真好!当时当地,我向自己立下誓言:如果我有幸在布痕瓦尔德集中营中活下来,我定将回来杀死这个恶毒的市长夫人。

在集中营附近,成堆成堆的尸体随处可见,具具都皮包骨头。在布痕瓦尔德集中营,我第一次看到了堆成山一样的尸体,我站在那儿,仔仔细细地一具具查看,试图寻找我的父亲。老鼠在这些断肢残臂之间四处乱窜,毫无顾忌地享受着腐肉。德国人担心老鼠会把疟疾传染给士兵,因此他们在俾斯麦塔附近挖了一个巨大的坑,把大量的尸体都扔进了这个坑里。

在 1945 年 3 月和 4 月上旬，一个消息在囚犯中传播了开来，说我们很快就要被解放了。受人尊敬的第 58 号营区的囚犯领袖证实了这个消息，但同时也有谣言称，希特勒要实施种族灭绝的屠杀计划，这又令我们激动的心情跌落到了谷底。"德国人在计划炸平布痕瓦尔德集中营，他们想要把我们全都杀死，以消灭战争罪行的证据。"我听到一个老囚犯说："他们绝不可能让我们活下去，如果我们不起来反抗，我们全都难逃厄运。"

"这个集中营将是我们的葬身之地！"另一名囚犯警告说，"他们打算在美国军队来到这儿解放我们之前把我们全都炸死。"

"我听说他们让囚犯们挖了一个巨大的坑，专门用来埋葬我们。"另一名囚犯说。

每个囚犯都疲惫不堪，而且充满恐惧。我不知道该相信谁、该相信什么，我只知道，在我重新获得自由的前几天或前几个小时，我不能让自己被杀死。我下定决心，无论如何要让自己活下来。

到了 4 月初，囚犯们互相调换营地，与其他囚犯互换名字，在晚上尽量制造出各种各样的混乱，以扰乱德国士兵的点名工作。当时我们的想法是，尽量拖延纳粹把我们赶往万人坑的时间。到了 4 月 4 日，一件我以前从未见过也从未想过的事情发生了：囚犯们挺直了脊梁，鼓起了勇气，奋起反抗。当广播中传来命令，要所有犹太囚犯去集体点名时，没有一个人前往。地下抵抗组织已经断定，纳粹分子计划在那个大"阅兵场"用机关枪扫射所有犹太囚犯。

我预计，纳粹接下来肯定会对囚犯们进行残酷的镇压。从某种意义上说，他们确实这样做了。他们停止给我们供应日常饮食，并且在两天之后开始撤离。但是我不知道的是（这件事情只有极少部分囚犯知道），地下抵抗组织中的一名囚犯伪造了一封来自美国的信，并且把它递交给了布痕瓦尔德集中营的指挥官赫尔曼·匹斯特（Hermann Pister）。这封伪造的书信承诺，如果他们不再对囚犯进行进一步的迫害，并且把所有的囚犯安全地移交给美国人，那么美国军方就将对匹斯特进行宽大处理。匹斯特开始一批又一批地让囚犯们撤离，而不是枪杀。

我已经亲历过死亡之旅了，因此我拒绝去另外一个犹太人集中营。我了解到附近有一个捷克人集中营，一些捷克囚犯说服我，让我混在他们中间。4月6日，德军把3 000名囚犯送出了布痕瓦尔德集中营。第二天，又有7 000名囚犯相继撤离。4月9日，有将近5 000名囚犯被运走。4月10日，又有9 000名囚犯撤离。

所有这些活动让我想起了早先与一名老囚犯的一次对话，当时他把我拉到了一边，在我耳边低声问我："你曾经在军工厂工作过，是不是？"

"是的。"我说。

"地下抵抗组织需要那个工厂的一种特殊的武器配件，"他说，"你曾经在那幢楼里工作过，或许你能够弄到它。"

我告诉他，我对武器配件一无所知，因此可能并不是完成这个任务的最好的人选，但我会四处留意一下，看看有什么是我能够做到的。"我不能保证。"我强调。

"没关系，你就找找看吧，如果找到了，或者你知道谁能够完成这个任务,就告诉我。"

我曾听一些老狱友谈到过地下抵抗组织,但是对具体细节知之甚少。有传言称,他们把从德国人那里偷来的枪支弹药藏起来,准备起义用。

1945年4月11日,是我重生的日子。

早上我醒来时,一些囚犯们正奔跑于各营房之间。"起来!有大事要发生了!就是今天!"有人喊道。我从睡架里爬了出来,连我的囚服和木屐都没有顾及穿就蹦到了地上,我挤在其他囚犯中间冲向了营房大门。

布痕瓦尔德集中营一片混乱,囚犯们四处奔跑着,匹斯特指挥官和许多其他党卫军都已经逃跑了,剩下的德国士兵也争先恐后地准备撤离。大概10点钟左右,广播里播出了一道命令:"所有党卫军马上离开营地!"

广播里的轰鸣声响彻整个集中营。地下抵抗组织的成员们火速地把偷藏起来的机枪和武器分发给营地的成年人,孩子们则被勒令留在军营内。我们后来发现,一名俄国军官和他的狱友已经组织发起了一场起义,他们把一些党卫军军官押离了瞭望塔,帮助我们获得了自由。

11日上午大约11时,我们听到远处传来了乔治·S.巴顿将军(General George S. Patton)率领的第三集团军的坦克对纳粹军队发起猛烈强攻时的炮击声,这个声音是多么的悦耳动听啊!爆炸声越来越响了,我们的心里充盈着喜悦和激动,满怀期待。

我走到集中营门口,看着外面疯狂疾驰的许多模糊的身影,纳粹官兵来回奔跑,搜寻着能够救他们的衣服——能够把他们伪装成囚犯的衣服。

一个非常敬业的有名的党卫军虐待狂以百米冲刺的速度从我身边跑过，他身上穿着一件刚刚从一名俄国战俘身上抢夺过来的制服。另一些士兵则试图杀死囚犯，以夺得那些他们强迫囚犯们穿上的条纹囚服，他们希望这些破衣碎布能够帮他们逃离惩罚战争犯的绞刑架。

"衬衫！"我自言自语道。我跑回睡架上，脱掉那件我曾经十分虔诚地穿在条纹囚服里面的纳粹士兵的衬衫。如今，这件衬衫已经失去了它的威力，甚至连纳粹分子都已经不愿意穿上它了。

我听到集中营的墙壁上回荡着美军坦克发出的隆隆声，以及子弹射击时发出的爆裂声。纳粹分子还在负隅顽抗。我坐在睡架上，做着简单的祷告："上帝，请让美国人赢吧！求您了，上帝啊，求您了。"我祈祷着。

上帝在那天下午的2点30左右回答了我的祷告。美国第六装甲师的坦克驶进了党卫军军营。确切地说，是那天下午的3点15分，在布痕瓦尔德集中营的上空飘扬起了投降的白旗。我们是被美军解放的第一个集中营。我们虽然狂喜，但是欢呼呐喊声却极其微弱，因为我们太饿了，完全没有力气表达我们的喜悦之情，我们已经有6天水米未进了。

在解放那天，集中营内大约还有21 000名囚犯。其中像我和埃利·威塞尔（Elie Wiesel）这样的孩子共有850名。我记得在布痕瓦尔德集中营第一眼看到埃利时，我想，他一定是我见到过的最瘦弱的孩子了，当然，我自己也是一个骨瘦如柴的孩子，但至少我已经是一名青少年了。当美国人来照顾我们这些孩子时，令他们极度震惊的是，他们在犯人当中发现了一名年仅3岁的幼童。

食物很快就送到了我们手中,然而疾病也随之而来了。我们瘦弱的身体和虚弱的器官根本无法承受哪怕是一丁点儿食物,很多人都因为吃得太快和太多而很快就病倒了,而且病得很严重。美国医生检查了我的病症,帮我包扎了伤口,还专门为我这副瘦小的身板制定了一份特殊的食谱。美国人叫我吃什么我就吃什么,他们叫我哪些不该吃我便不吃。我对他们深信不疑。我怎么可能不信任他们呢?他们是美国人呀,他们救了我!

当我的目光投向美国士兵的那一刻,我的心里便充满着和平和感激之情。那些尸体,那些恶腐的气味让美国士兵愤怒和羞愧。我无法让我的视线离开这些美国士兵。他们的制服,他们的镇定,他们的爱心,这一切都让我热爱,我爱他们,我想成为他们中的一员。

第二天,4月12日,我未来的客户和永远的英雄——盟军最高统帅德怀特·D.艾森豪威尔将军(General Dwight D. Eisenhower)——率领军队进入布痕瓦尔德集中营,并驻扎在了哥达附近的奥尔德鲁夫分营。从外表看起来,艾森豪威尔足有10英尺高。他是一个非常冷静的人,但是他也被这里的情景激怒了。他带着奥马尔·布拉德利将军(General Omar Bradley)和乔治·S.巴顿将军(General George S. Patton)一起亲眼目睹了这个人间地狱内的种种惨状。他们看到了饥肠辘辘的囚犯们拖着干瘪的身躯跟跟跄跄地走着,以及奥尔德鲁夫焚尸炉堆积着的无数被烧焦的尸体。他们随便推开任何一扇虚掩着的门,门内都有可能堆满了腐烂的尸体。实际上,其中一些地方巴顿将军根本不想亲眼去看,正如艾森豪威尔在几天后给乔治·卡特莱特·马歇尔(George Gatlett Marshall)将军的信中所说的:

我根本无法用笔墨来形容我在这里所看到的一切……到处充斥着饥饿、残暴和兽性，我的所见所闻除了让我感到极度不舒服之外别无其他。在一个房间里，堆放着二三十具赤身裸体的男尸，他们都是被活活饿死的，乔治·S.巴顿甚至根本就不愿意走进去。他说，如果他进去了，必定会因过于恶心而生一场大病。我是特意走进去察看的，目的是为了获得第一手资料，以便在将来指证纳粹的罪行时做证据用。

艾森豪威尔将军凭吊了集中营内死去的那些不幸的人的遗骸，他还命令这个区域内所有不在战争第一线的每一位士兵都前去凭吊。"我听说有的美国士兵根本不知道他为什么而战，"艾森豪威尔说，"现在，在看到这些之后，他们应该知道他们为什么而战了。"当他穿行在集中营内时，他问一位美国老兵："难道现在你仍然不恨（纳粹）吗？"

后来巴顿将军告诉艾森豪威尔将军，哥达市市长及其妻子在参观了奥尔德鲁夫集中营之后双双自缢身亡了。"人性或许终究是有希望的。"艾森豪威尔说。

艾森豪威尔将军是明智的，他把在布痕瓦尔德集中营内发生的一切公布于世。他设计并领导了一系列咄咄逼人的宣传攻势，以阻止德国人和其他轴心国的人转移视线，对罪行予以否认。很快，美国军队还组织德国平民百姓参观集中营，让他们走进堆满死尸的屋子，去闻一闻尸体腐烂的恶臭，去掘开万人坑看看，那里埋葬着不计其数的在大屠杀浩劫中牺牲的人。

参观布痕瓦尔德集中营的德国人看到我们时就像看动物园里的动物一样，有些妇女神情悲伤，眼中饱含着泪水，有些人则用手捂着嘴巴和鼻子，以免受我们身上发出的恶臭和病菌的侵袭。当看到焚尸炉上堆积成山的尸体时（由于焚尸炉没有可烧的煤了），一些德国人显得非常震惊，他们简直不敢相信党卫军居然会堕落到**如此残忍的地步**。但是我至死都相信，生活在集中营内、生活在集中营附近的人肯定都知道，希特勒和追随他的党徒们是多么的灭绝人性。他们怎么可能会有人性呢？从1933年到1945年，纳粹德国建造了两万多个各种类型的集中营，包括临时难民营、强制劳动营和灭绝营。我们这些囚犯被塞进火车、穿越乡村。我们在集中营外的劳动场地上被殴打、被杀害。成千上万名纳粹士兵管理并运行着这架死亡机器——成千上万个纳粹士兵，他们白天是杀人恶魔，晚上却成了各自家庭的一员。到了1945年，在布痕瓦尔德集中营，分别有6 297名党卫军和532名女看守员在那里工作。

相信我，人们都知道！

在解放后的那些日子里，我深深地思索着这些令人愤怒的事实。我拼命地想尽快疗愈我的身体，然后去寻找我的家人。然而，我的心灵同样也需要疗愈。当美国人宣布，一个美国军队牧师将在布痕瓦尔德集中营内主持第一次犹太宗教仪式时，我决定参加这个仪式。

1945年4月20日，赫歇尔·沙赫特拉比提供了第一个星期五晚上的安息日服务，人们有唱歌的、背诵祝词的、祈祷的，但更多的是哭泣。整个仪式非常感人。然而，在仪式进行过程当中，我始终无法回避一个问题，这个问题自前往格莱维茨死亡之旅的那个晚上以来一直萦绕在我心头,挥之不去。

第二天,沙赫特拉比在捷克人集中营外散步,他用意第绪语问:"这里有会说意第绪语的犹太人吗?"

"我会说。"我用意第绪语说道。

"谢谢你!"他说:"这附近的犹太人都去哪里了?"

"这是捷克人的集中营,"我告诉他,"我是生活在这里的少数犹太人之一。他们让我留在这里,是因为我来自捷克斯洛伐克。"

"我明白了。"他说。

"拉比,我参加了您昨天晚上主持的仪式,它非常棒。不过,我可以问您一个问题吗?"

"当然可以。"他说。

"拉比,我必须知道上帝在哪儿。"

他安安静静地站在那儿沉默不语。

"您看看所发生的一切,"我恳求道,"上帝在哪儿?在哪儿?"

"有些问题是没有答案的,"他眼睛凝视着远方说道,"这是一个没有答案的问题。"我低头哭了起来。沙赫特拉比张开双臂紧紧地搂住了我。

并不是每个人都能活到美国军队开进集中营的那一天的,并不是每个人都能活着告诉世人发生在他们身上的一切的。解放后的第五天,美国人再次清点了囚犯的人数。尽管盟军全力以赴、义无反顾地进行军事和医疗救助，但短短的几天时间里，还是有 1 000 名囚犯死了。我禁不住时常想起他们，想起那些明明已经触摸到了自由但最终还是与自由失之交臂的人。

如今，布痕瓦尔德集中营钟楼上的时钟永远指向了 3：15——这是我们被解放的时间。但是，那些恰好在解放前一刻死去的人呢？那些在前几天被纳粹撤出布痕瓦尔德集中营而死于路上的人呢？那些仅仅在美军到达前几个小时被抢夺条纹制服的纳粹杀死的人呢？上帝的恩典就要降临到他们身上了，但是他们却死了；他们本来可以成为这个灭绝人性的可怕事件的最后见证人，但是他们却已经死了。

他们已经如此接近自由，他们已经坚持了这么长的时间，他们逃脱了毒气、枪炮和焚尸炉，但是他们却没能坚持到最后，没能活着等到自由的降临，我不禁为他们放声痛哭。

我为那些死于最黑暗时刻的 600 万无辜的人痛哭，他们生前没有任何安全保障，死后也没有一个安息之地。

我为我的母亲放声痛哭！

我为我的父亲放声痛哭！

我为我的外祖母盖特尔放声痛哭！

我为我的祖父亚伯拉罕放声痛哭！

我为西姆哈放声痛哭！

我为莉夫卡放声痛哭！

我为我的小弟弟斯鲁·贝尔放声痛哭！

我放声痛哭！

第 5 章 杀，还是不杀？

我的身体获得了自由，但是我的情感仍然被囚禁着。

布痕瓦尔德集中营的党卫军投降了、逃走了，但是德国军队并没有投降。这意味着我们可以自由地离开集中营，也可以继续待在集中营里，但是我们的安全仍然无法得到保障。

随着盟军以及众多慈善机构派驻的工作人员和爱心人士的到来，他们尽心尽力地帮助我们修复破碎的人生。但是我始终无法摆脱魏玛市市长夫人给我造成的伤害。我根本无法平息自己的愤怒情绪，无法说服自己不去复仇。我曾经向自己立下过一个誓言，现在我打算践行我的诺言，我要回到魏玛市去杀死她。

我找到了两名犹太男孩，他们有足够的体力和我一起走到魏玛市去。我告诉他们那个女人的所作所为，以及我准备要去做的事情。囚犯们和美国士兵们收缴了大批德国人的武器，如山般地堆积在塔楼上，我们从中找到了想要的机关枪。这两个男孩发誓一定帮助我，在这人间地狱里幸存下来，他们也渴望看到正义得到伸张。

我们徒步离开布痕瓦尔德集中营，向着魏玛市进军。刚刚获得的自由让我们感到新奇，同时也让我们很不安。走在路上的时候再也不会遭受侮辱、殴打和杀戮，我们甚至觉得有些不习惯。事实上，我们并不是在"行军"，而是在行走，完全自由地行走在路上。从奴隶一下子变回平民，我的思维有些混乱。长期的囚禁让我在自由面前感到无所适从、脆弱不堪，即使是一件非常简单的事情，比如听到某人在叫我的名字而不是号码时，我都需要一段时间才能适应。

集中营外的街道上充斥着一种令人不安的气息。一小部分穿着条纹囚服的狱友们缓缓地漫步在街道上，寻找集中营内没有的食物。我们警惕着党卫军，紧紧地抓着机关枪，并以最快的速度走向魏玛市。

我们之中没有人会开机关枪，我只会用最简单的手枪，那是在我们被抓走前父亲试图让我藏在深山老林里时教会我的。然而，这把枪与那把枪完全不一样。

我们离市长家的房子越近，我的心就跳得越快。上回的事情历历在目，被压抑的愤怒如潮水般向我涌来。杀死市长的妻子根本无法偿还纳粹加诸我们身上的痛苦。但是，这肯定会是一个开始。

我们走了几英里之后便来到了市长家所在的那条街道。我沿着街道指着几米之外的一所房子对那两个男孩说："我相信，那就是市长的家了。"那辆庞大的黑色奔驰车已经不在那里了，我得花点时间来确定我有没有找错房子。

"你确定就是这幢房子吗？"其中一个男孩问。

"是的，我确定。"

"你有什么计划?"另一个男孩问。

"那辆汽车不在这里,房子看起来似乎是空的。"我说,"我的计划是,我们带上枪从侧门进去,然后我们藏起来等着,这样我就能够杀死那个曾经打骂过我的金发母狗。"

那两个男孩点点头。

"那好,我们走吧!"我说。

我们蹑手蹑脚地走向侧门,我慢慢地转动门把手,门被打开了。我们拔出枪,悄悄地走进屋子里。两个男孩跟在我后面,轻轻地把门关上了。我们尽量让脚步轻些,以减弱木屐碰到地板时发出的声音。

"是谁?"附近的某个角落里传来了一个声音,"是谁在那里?"

就在这时,那个美丽的金发女子也来到了这个角落,看到我们后立即发出了一声尖叫。她怀里抱着一个婴儿。

"别开枪!"她尖叫道,"别开枪!"

"你还记得我吗?"我喊道,"记得吗?"

她剧烈地摇着头,散开的长发猛烈地摇晃着。她把脸藏在了高高举起的手后面,就好像是在躲避阳光。

"因为几只兔子,你居然打我,我现在就杀了你!"我说。我的声音听起来就像是一个党卫军在说话。

"不!求你了,别开枪!"她颤抖着说,"他只是个婴儿,请别开枪!"

我用机关枪瞄准着她的胸膛。婴儿开始大声啼哭。我的手指扣在扳机上犹豫着。

"开枪啊！"一个男孩说，"开枪打死她！"女人张开的那只手在空中颤抖着。我的心脏剧烈地跳动着，就好像有一个锤子在锤打着我的胸膛。

"开枪啊！"另一个男孩喊道，"我们来这里的目的就是为了杀她，快开枪杀了她！"

我呆住了，我不能这样做！我不能扣动扳机！就在那一刻，人性再次回归，所有古老的教诲一下子全都涌上了我的心头。我从小就被灌输生命是上帝赠予我们的最珍贵的礼物，妇女和儿童必须受到保护。如果我扣动扳机，那么我与门格尔又有什么区别呢？他也曾经面对着怀里抱着孩子的母亲——怀抱着我小弟弟的母亲，但是，他把我母亲和小弟弟送进了死亡之门。我的道德教养不允许我成为党卫军的荣誉成员。

不过尽管如此，当时涌上我心头的同情心并不强烈。我试图在那两个男孩面前挽回面子。如果我不能成为一个强硬冷酷的杀手，那么我至少也应该成为一个抢车的强盗。"那辆奔驰轿车在哪里？"我大喊道。

"什么都没有了！"她说。

"车子在哪里？"我吼道。

"车子不在这里！"她说。

我放下枪，踩着重重的脚步走出了房子，然后绕到了房子后面。

"你想让我们空手而归吗？"其中一个男孩发怒了。

"我不能杀她！"我说，"她怀里抱着一个孩子。"

"你知道他们杀死了多少孩子吗？"他反驳道。他说得很对！

我们走向了屋子后面的大谷仓，然后打开了厚重的木门。在那里，赫然停着那辆庞大的黑色奔驰车,用干草覆盖着。"那个撒谎的纳粹婊子!"一个男孩喊道。我脸色铁青,我放过了她,她却骗了我。

"在这儿等着!"我告诉那两个男孩。我拔出枪走回了屋子,找到了她。"这一次我真的会毙了你!"我说,"把钥匙给我!"她把钥匙给了我。我一路慢跑着回到那两个男孩和车子旁边。"我拿到钥匙了!"我说,钥匙在我手中叮当作响。

"谁知道怎么开车吗?"其中一个男孩问。

"别担心,我会开!"我说。我们拂去了干草,然后跳进了汽车驾驶室。

"快点,离开这儿!"其中一个男孩说。

我把机关枪放下,用钥匙发动了汽车。虽然有点生疏,但是我知道怎么开车,我是在布达佩斯当汽车机修工的那段日子里学会开车的。这辆庞大的德国汽车发动机的声音非常洪亮,听上去铿锵有力。我把汽车从魏玛市市长家那幢房子的私人车道里开了出来并加大了油门。

这是怎样的一种情景呀!三个十几岁的犹太男孩,穿着条纹囚服,手持机关枪,驾驶着一辆黑色奔驰轿车,飞一般地从德国魏玛市驶向布痕瓦尔德集中营。我们大声笑着,像真正的男子汉那样"硬气"地交谈着。

"你看到她有多害怕了吗?"一个男孩兴奋地说,"我敢打赌,她肯定尿了一裤子!"我们都笑了,继续往前开。

"看!"其中的一个男孩指着窗外说,"有两个女孩子!"于是我把车子停到了路边。

我们邀请那两个德国女孩上车兜兜风。她们一定是被奔驰车的风采迷住了，所以根本就没有注意到我们身上穿得破破烂烂的囚服。令我们惊讶的是，她们跳上了车。我们中的任何一个人已经有很长一段时间都不曾与如此迷人的女孩如此接近过了。她们与我们坐在一起，驶过了好几个街区才下了车。

我本来打算弃车而去的，毕竟我们驾驶的是魏玛市市长的奔驰车，即使汽车不会出卖我们，但是车牌会。不过我转念一想，**管他呢，下次不知道要等到猴年马月才有机会驾驶奔驰车呢**！因此，我一路开车回到了布痕瓦尔德集中营。事实上，我径直开过了集中营的大门。如今铁门上那句标语"每个人都得其所应得之物"变得极具讽刺意味了，它不禁让我发笑。

当我们欢乐地把车子开进集中营时，狱友们一动不动地站在旁边静静地看着。他们一定以为走下汽车的会是某一位高官或者魏玛市市长本人。而当他们看到走下车的是我们这几个穿着条纹囚服的少年时，全都冲向了我们。"你是怎么得到这辆奔驰车的？"有人问。

"嗯，"我笑着说，"我们刚刚才拿到了它。"

后来我注意到，有一个狱友坐在了一辆带跨斗的摩托车上，正虎视眈眈地看着我的黑色奔驰车。我很喜欢他的摩托车，他也喜欢我的汽车。我告诉他我们可以交换，他同意了。他教我如何发动引擎、解开跨斗。我骑着新换来的摩托车来到捷克人集中营，把它停在了外面。在那之后的几个星期里，如果有谁想坐我的摩托车，我都会载着他进出集中营。德国车性能都很好，摩托车也不例外。

第 5 章 杀，还是不杀？

当走投无路的阿道夫·希特勒在他的柏林地堡里绝望地用手枪结束了自己的生命之后，战争最终于 1945 年 4 月 30 日结束了。一个星期后，德国军队也宣布投降了。我很高兴自己能够活着，但是对未来却充满着担忧。所有狱友们也都与我一样，我们的人生是个未知数。对大多数狱友来说，回"家"并不是一种选择，德国人对犹太人的仇恨情绪仍然高涨。我们一无所有，我们的一切都已经被掠走了，我们数以百万计的亲朋好友都被杀害了。我不知道将会发生什么，但是我并不在乎。唯一让我念念不忘的就是自由地生活，找到我也许已经不在人世的家人。没有什么能阻挡我去过自由的生活、去寻找我的家人。

那年 5 月，捷克斯洛伐克派官员到布痕瓦尔德集中营找回她的公民。他们让我们登上了一辆公共汽车，把我们送到捷克斯洛伐克首都布拉格。

同盟国和联合国都已经在德国、意大利、奥地利等国的各地建造了许多难民营（DP）和其他形式的避难所，以收容将近 25 万无家可归的犹太人。在那里，你可以尽情地睡觉，有吃有喝，可以跟犹太同胞交流，还能接受教育和培训，并获得工作机会。HIAS（the Hebrew Immigrant Aid Society，希伯来移民援助协会。——译者注）也举办了很多犹太人聚会，在这些场合，犹太人感到自己很安全、很受欢迎。

我必须留意难民营里的幸存者名单以及各种照片和公告，我当时这样想。在任何时候我都得仔细查看它们。如果有需要，我也可以住在难民营，也可以住到 HIAS 提供的住处。我可以请求他们的帮助。为什么不在那里养好自己的身体，然后开始寻找自己的家人呢？

乘着公共汽车从布痕瓦尔德集中营到布拉格，让我有一种不真实的感觉，恍如在梦中。我凝视着窗外，看着德国的城市和乡村，它们在我眼前飞驰而过，慢慢地消退在我的脑海中。我必须让我的心灵得到休整。我必须埋葬掉我童年的纯真，其实，那些纯真早已在奥斯维辛、布瑙、格莱维茨和布痕瓦尔德集中营遭受非人的折磨和数次死里逃生的过程中消逝了。我已经16岁了，看到了太多的死亡和毁灭，比平常情况下上百个平民百姓加起来看到的总和还要多。父亲曾告诉过我，如果有幸活下来，我必须为我的家人感到骄傲，我不需要心存内疚。他要我全身心地投入生活、拥抱生活，尽情享受生活。我不会违背父亲的意愿。事实上，我已经做出了一个更好的决定：报名参军，因为战争从我身边夺走了我爱的家人。

我们在布拉格下了公共汽车，并熟门熟路地在登记处排起了长队。当然，这一次排队与纳粹点名时的排队是完全不一样的，他们并没有剃光我们的头发、剥掉我们的衣服，他们给予我们医疗救助，还给了我们许许多多普通老百姓吃的食物。我拥有一些布痕瓦尔德集中营签发的证件，但并不需要我拿出来给他们看。之后，我告诉登记处的工作人员，我已经18岁了，希望能够在捷克参军入伍。他们看到我如此瘦弱，不愿意接收我。不过，当我在当地疗养院休养了几个星期之后，我被征召入伍了。之后，我来到了一个军营，接受为期两个月的基本军事训练。部队工作人员发了一套制服给我，它的面料、军营气息浓郁的笔挺的风格以及整套制服的款式，让我每次穿上它都笑逐颜开。穿着这套军装，让我看起来更像是一个大人；穿上它，我也觉得自己真的像一个男子汉了，我相信，父母若看到一定会骄傲地说："这是我们的儿子！"是的，每个男孩都会从青涩走向成熟，而我终于体会到了作为一名成年男人的滋味，穿上这样一套军装，任谁都不会拒绝，而只会愉快地拥抱成熟。人们总是会说，当一个男孩的衣柜里挂满了服装时，他便开始成年了。

我非常喜欢穿制服，我也认为我需要拥有一两套属于自己的制服。有一次，我所在的部队接到命令，要求士兵们前往德国执行一项紧急任务。在途中，我们偶然发现了一个纺织品仓库，里面堆满了成匹成匹的布料。那时，我对织物的织法和经纬密度一无所知，只挑选了四块款式看上去很帅、摸起来手感很好的面料。当我们回到捷克斯洛伐克后，我就拿着这四块布料找到了城里的一个裁缝。我告诉他，如果他愿意的话，拿其中的两块布料帮我做两套制服，另两块布料作为酬谢送给他。他同意了。于是他量了我身体的尺寸，帮我做了两套普通的制服。作为刚刚步入成年人行列的我，正在慢慢地充实属于我自己的衣柜。但为什么要这样做，我并不知道。如果说我在集中营中真正学到什么的话，那我可以说，我学到的是这样一个道理：穿着打扮可以改变你的人生。

战争结束了，我在服了短短几个月的军役后便退伍了。部队准许我留下制服。我为拥有这样一套制服而感到自豪，我也因为我曾经穿着它为祖国效力过而感到骄傲。同时，这套制服也从另一个层面证明了它的价值：每当我外出旅行并穿上制服时，女孩子们都会对我青眼有加。更重要的是，俄国士兵也对它肃然起敬，他们并不是尊重我，而是尊重这套制服，以及这套制服代表的含义。

随着军旅生涯的结束，我认为自己必须创业。我非常思念自己的家乡，我想挣钱，想出去找到我的家人。

我在布达佩斯和罗马尼亚急切地打听我家人的下落，我从来都没有放弃过希望。我听到过太多可怕的故事了，有很多家庭在集中营被迫分离之后就再也没有团聚的机会了。希望变得越来越渺茫，我几乎完全乐观不起来。

我不断地寻找着，心情也随着时间的流逝而日益沉重起来。

我寻找父亲的强烈愿望在1946年的夏天戛然而止了。

不知为什么，我总是觉得，如果我父亲还活着，如果我能够找到他的话，那么他必定在匈牙利。当我到匈牙利之后，我尽了很大的努力在HIAS聚会上登记了我父亲的名字。但是，当我遇到了一个名叫孟德尔（Mendel）的人时，这一切都结束了。

我在大屠杀之前就认识孟德尔，他家离我的家乡巴甫洛沃不远。当我们在匈牙利的HIAS聚会上见面时，很快就聊了起来。结果我从他那里听到的消息改变了我的人生轨迹。

"你来这儿做什么？"孟德尔问。

"哦，我想我应该查看一下名单和照片公告，"我说，"我每到一地都会这么做，查看，查看，不断地查看，好像我所能做的所有事情就这件了。"我隐藏起了我的伤痛，微笑着说。

"我不明白你的意思。"他说。他脸上疑惑的表情让我感到很不安。

"我的父亲，我还没有找到他。如果他还活着，我想知道他在哪儿。"我坚持道。孟德尔如此明显的迟钝让我有点生气。当然，我并不是第一个告诉他要寻找家人的幸存者。这时，孟德尔的表情变得严肃了起来，而且看上去有点忧心忡忡。

"你可以停止寻找了，"他说，"我亲眼看到你父亲被一个德国人杀害了。"

"什么？"

"我很抱歉必须由我来告诉你这个不幸的消息。那天我就在现场，是我亲眼所见的，你可以停止寻找了。"他说。他肯定已经看出我快要晕倒了。"请你坐下来！"他说。

我坐了下来。

"你父亲是一个特殊的人，他很爱你。"孟德尔说。

我低声啜泣着。

"约瑟夫负责指挥一个建筑项目，也就是建一座小桥。我也参与这座小桥的建造。由于我们没能在截止日之前完成施工，因此纳粹分子杀了他，而我恰好目睹了这一切。"他说。

我把脸深深地埋进手中大声恸哭。我悲痛欲绝，心神俱碎。孟德尔把手放到我的肩膀上试图安慰我。

"马克西，我非常非常遗憾！"他说，"但是，痛哭并不能让你父亲活过来，你必须振作起来，去完成你父亲想要你完成的事。你必须成为一个顶天立地的男子汉，走你自己的路！"

"你们两个在哪个集中营?"我问孟德尔。

"布痕瓦尔德。"

"布痕瓦尔德?我也在布痕瓦尔德集中营!"我疯也似地叫了起来。"他们是什么时候杀死我父亲的?"孟德尔扭头看向别处,似乎希望我根本就没有问过这个问题。"我一定要知道!"我催促道,"求求你,请你告诉我,什么时候?"

"大约在解放前一周。"他轻声地说。

我再一次把脸深深地埋进了我的双手之中。我紧紧地闭上双眼,任泪水喷涌而出。泪水沿着我的脸颊不断地往下流,我的内心似乎被掏空了,绝望几乎让我晕厥。那一刻,为了换得哪怕与我父亲五分钟的重聚,我都宁愿再走一次死亡之旅,我宁愿再挨数百次毒打。我只想告诉父亲我是多么地爱他。孟德尔一边说一边不断地安慰我,但是我一个字都听不进去。尽管我一直都知道这一天——在我心里为父亲举行葬礼的这一天——终究会到来,但是,突然在这样一个时间听到父亲已被杀害的消息,我仍然无法接受。我还没有准备好以我的方式为我父亲举行葬礼。父亲遭遇不幸的时间更是令我悲痛万分。

解放前一周!我当时想,他已经如此接近自由了,他几乎就要挺过来了!

我已经记不太清楚当时是如何与孟德尔分手的,也记不太清楚我之后去了哪里。我只是清楚地记得当时是那样地害怕:在这个世界上,我已经变得孤苦无依了。我深爱着父亲,是他给了我需要的一切,是他教会我要做一个诚信正直的人。如今,他被纳粹害死了,他永远地离开了我!

如果父亲是因疾病或自然灾害而死的,我想我必能够坦然面对。但是,他是因为信仰和忠诚,因为热血和爱而被残害的,这令我无法承受。父亲是我的道德楷模,也是我心中的英雄,他的死硬生生地在我心里撕扯出一个大洞,至今依然无法填补。有时候,晚上睡着的时候,我会梦见父亲来到我身边,他依然是那么强壮,温和地对着我笑。他告诉我,他以我为傲,他很爱我。我多么希望我能够长梦不醒!

在恍恍惚惚中,我径直回到了布拉格。在那里,我的周围生活着一群会说意第绪语的幸存者,他们与我一样承受着类似的悲痛和恐惧。因为他们的存在,我的悲痛一点点儿减轻了。我想,父亲、母亲和弟弟妹妹们一定坚决地认为我应该坚强地活着,因此,我想方设法让自己以回忆起他们过往的点点滴滴为傲,我要勇往直前。在那儿,慢慢地,时间开始治愈我的伤痛,虽然伤痛永远无法完全愈合,但是它点燃了我创业的热情。我与其他人谈到了对未来的计划,以及我过去曾经做过的生意。我喜欢白手起家。我想做一些能够让人感到自豪同时又能够挣钱的事情。在集中营,一位老人曾经告诉过我,在大屠杀之前,他拥有一家属于自己的店铺。他说,学习做生意最简单的方法是,以一个比较低的价格买下自己想买的东西,然后以更高的价格把它卖出去。"你怎么知道人们想要买什么呢?"我问。

"很简单,"他说,"人们希望买到他们自己无法生产或者没有的东西。"

第二天,我找了六个与我同龄的男孩开始了我的进出口生意。"我们不能等着天上掉馅饼，"我热情洋溢地游说道，"我们需要自己创造机会。"然后我向他们传授了我所掌握的有关供给和需求的知识。"我们可以向人们提供他们自己无法生产的或者没有的东西来赚钱。"我说，好像我就是创建这个理论的第一人。

我们的计划是购买一些香烟，然后把它们卖给一些很难买到这些香烟的城里人，然后向他们收取一部分配送服务费。之后我又进一步仔细斟酌了我的游说辞，尽量让它显得更有说服力。我告诉他们，我们将两个人一组分头行动，而所有的利润都将由六个人来平分。我们可以到处旅行，还能结识一些女孩子，或许还能因此而找到我们幸存下来的亲人。"万事开头难，我们所需要的只是一个良好的开端！"我向这些越来越激动的男孩们大声地说着。最终，我的游说起作用了。

"那么，我们应该从哪里开始呢？"一个男孩问道。

"我们应该从布达佩斯开始！"我说，"我对这个城市比较熟悉，我还认识这座城市里的一些人。"因此，我们乘上了开往布达佩斯的火车，但是我们并没有安坐在车厢内，因为我们买不起火车票，是偷偷上的火车，所以我们坐在了火车顶上。有一段时间，"跳火车"成了我们最主要的交通方式。

回到布达佩斯让我喜忧参半。在最近的一个HIAS集会地点安顿了下来后，我希望能够打听到我家人的最新消息，也希望能够碰到可以帮助我找到家人的人。然而，没有人认识或者听说过我的家人。

我找到了以前聘我当汽车修理工的那个人。他还记得我，并很热情地跟我打招呼。他说，在妓院里谋生的那些女孩子已经全部搬走了。这让我很为她们开心。我问他，我是否可以为他工作一两天，以便为我们开展新的业务赚一点本钱。他很赞同我这个想法，甚至还愿意给我介绍几个可能对我们提供的服务感兴趣的人。

我们的生意通常是这样开始的：先打几天零工赚一小笔资金，同时与卖主敲定香烟交易的价格，然后再每两人组成一个小组乘火车倒卖香烟。短短几个星期之后，我们的生意就初具规模了。自那以后，我们就买得起火车票了，于是我们再也不用坐到车顶上了，而是可以坐在车厢内。

在布达佩斯，我还鼓起勇气，打算花一两天的时间去一趟我的家乡巴甫洛沃。我为即将到来的这趟旅行而感到心神不宁。我的脑海中不时浮现出一些紧张焦虑的想法：我的家还在吗？镇里的人知道我亲人的下落吗？我的亲人是否也与我一样回过家乡，并看看我是否会回家来寻找他们？

当我回到家里时，我发现俄国人已经占据了我的家。我无法鼓起勇气去敲门。我想记住我家原来的样子，我想让它永远存在我心里、脑海里。那个曾经带给我那么多美好回忆的地方，那个曾经让我们那么多家人共聚一堂的地方，现在由俄国人占着，我无法忍受。

我走过我的家门，来到埋葬着我许多亲人的墓地，我做了一个简单的祷告，然后就离开了。从此以后，我再也没有回去过。但是我告诉自己，我一定要找到我的亲人。

也许他们病了，正在某个地方的医院里，或者，也许他们正在寻找

我，我们只是暂时还没有碰到彼此而已。

我的希望是那么强烈，但同时又是那么无助。不过无论如何，找到亲人的希望还是给了我活下去的勇气。我把它当作一种激励。于是我重新回到了布达佩斯，又开始了我乘坐火车倒卖香烟的生意。

有一次前往布拉格销售香烟的经历特别令我难忘。那一天，一个名叫威利（Willie）的男孩和我随身带着两箱香烟及两瓶伏特加，我们一路小心翼翼地保护着它们。我们的计划是乘火车去布拉格，然后卖掉它们。然而，在途中，我们遇到的最大麻烦是俄国士兵，他们因喜欢欺凌弱小、以查扣违禁物品之名罚没旅客物品而臭名昭著。当时，我们坐在包厢里，为了防止我们打瞌睡时小偷偷走东西，我们还用绳子把行李绑在了我们的腿上。在火车大概行驶了一半路程的时候，一个穿着制服的俄国士兵走过来坐到了我们的包厢里。乍眼看去他似乎非常友好，我还给了他一些伏特加喝。不过，不到一个小时，他就喝醉了，这时他开始羞辱犹太人了，还威胁说要把我们送进监狱。

愤怒之下，我"啪"的一声关上了包厢门，然后一把抓过他的手枪并重重地在他的脑袋上敲打了一下，他被我打晕了。"快点！"我跟威利说，"帮我把他的制服脱下来。"

我的同伴快被我吓死了。我们迅速脱下那个士兵的外套，然后我穿上了它。一瞬间，我就变成了一名俄国士兵。我的朋友简直傻掉了！我们把这个俄国士兵放倒在地，然后把他塞进了包厢座位底下。这时，我坐在他的位子上开始假冒他，当有人向我敬礼时，我也回敬他。制服的力量真是让我吃惊。

"我们必须跳下这辆火车!"威利恳求道,"他们会发现我们干的'好事'的。"于是,我们又重新把这个俄国士兵从座位底下拉出来,我把制服脱下,威利又重新替他穿上。我当时想,只要这个士兵动一动,我马上就把他敲晕。

当我们回到我们临时搭建的大本营时,我们遇上了四个犹太女孩。她们和我们一样,都是幸存者,也都是父母双亡的孤儿。虽然我的妹妹不太可能存活下来,不过她们还是给了我希望:一些年幼的女孩子,像我妹妹那样的女孩子,能够在大屠杀中幸存下来。那时我已经知道,留在奥斯维辛集中营就意味着被毒气毒死,或者被扔进焚尸炉里烧死。不过,遇见这些女孩子又重新燃起了我寻找我家人的希望。

我们在女孩子们面前吹嘘了一番我们蒸蒸日上的"进出口"生意,并且说服她们跟我们一起旅行,我们说我们能够保证她们的安全。实际上,这并不只是嘴上说说而已。俄国士兵臭名昭著,他们经常强奸独自乘坐火车的女孩。我们已经听说过好几起这样的事件了,即使是在光天化日之下他们也会这么做。这些俄国士兵根本不在乎女孩子们的尖叫、挣扎和哀求,这实在是太可怕了。我们不会让女孩再次受到伤害的。

能够保护女孩让我们感觉良好。她们很风趣也很甜美,我们彼此调情、亲吻,想把我们的注意力从残酷的现实中转移一下。对我们来说,生活就是一种冒险。然而,我们已经不怕冒险了,我们已经一无所有了,没什么好失去的了。我们怕失去什么呢？我们虽然贫穷，但是我们感到自豪。我们当中不管是谁，只要有好东西，就会彼此分享。就像有一次，我们小组的一个男孩从一个农场里搞到了一头小牛，于是那天晚上我们享用了一顿家庭盛宴。在巴甫洛沃的时候我就已经学会如何宰杀牛犊并剥皮了，而女孩子们则懂得如何做饭。我们就像国王和王后那样享受着这顿家庭盛宴，感觉这比我们用金钱买到的最好吃的牛肉还要好吃。

在我们小组里，有一个女孩名叫玛格达（Magda），她和我是同一天出生的，而且我们都来自同一个小镇，这让我和她之间有着天然的亲近感。有一次在火车上，我看到一个俄国士兵缠上了玛格达，我的同伴也发现了，用胳膊肘轻轻地碰了碰我，然后把头和眼睛转向了他们那边。我们目不转睛地盯着他们看，注意观察着他们的交谈，俄国士兵看起来似乎充满诚意。这时，我们走过去加入了他们的聊天。

玛格达用她的眼神告诉我，她感到很不舒服，这个俄国士兵的纠缠让她受不了，她需要帮助。其实我们只不过拉了一小会儿家常，而这个俄国士兵也不过才在一两个小时之前第一次见到我们，对他来说我们完全是陌生人，然而就这样，他便开始发誓了，他说对玛格达的爱至死不渝。

"那真是太好了！"我开玩笑道，"当我们下车时你会见到玛格达的父母亲的，到时候你就可以向她求婚了。"不过这个俄国士兵似乎完全不知道这只是一句玩笑话而已。

"太好了！"他说，"我是真心想这么做的。"玛格达的眼神像利箭一样射向了我。我非常了解火车的运行系统，我想，等火车一停，我们就甩掉这个令人讨厌的俄国罗密欧。果真，后来我们再也没有见到过他。

我们的生意蒸蒸日上。虽说提着小箱子叫卖香烟并不能算是我的长期目标，但是当时我还很年轻，又刚刚重获自由，于是我在家乡捷克斯洛伐克的特普利斯—萨诺夫建立了经营香烟生意的"大本营"。与我的故乡——生我养我的地方——有所联系让我感觉良好，让我有一种落叶归根的感觉，也让我不至于时时刻刻沉浸在父亲离世的悲痛当中。

这种情况一直持续到俄国人开始接管捷克斯洛伐克为止。大家知道，在那个时候，捷克斯洛伐克是东欧最后一个民主国家。我们一度与俄国人相处得非常好，因为他们解放了我们。但后来事情发生了变化，并且变得非常快。他们已经渗透到了捷克斯洛伐克政府的高层了，且其势力一直在迅猛增长。我以前曾经亲眼看见过缓慢滋长的那些邪恶势力，因此，这一次，我不打算留下来看着我的自由和财产再次被剥夺。一个人有权选择自己的街坊邻居，但是如果政府利用掌握的枪杆子没收一个人的收入和财产而用于再分配，那便是暴政。我并不想亲眼看到这一切再次发生，也不想再承受这一切。

虽然远离故土同样让我痛苦，但我还是计划在1946年的秋天离开祖国，以逃避越逼越近的俄国人的统治。事实证明，我出逃得非常及时。在1946年5月的选举中，俄国人控制的政党赢得了38%的选票。从1948年开始，捷克斯洛伐克政权便落入了俄国人之手，其统治长达四十年之久。

我的计划非常简单：简单地收拾一些东西，然后逃跑。具体地说，我要设法悄悄地穿过捷克和德国的边境，进入德国瓦塞尔贝格附近的规模庞大的盖伯斯难民营（Gabersee DP camp），然后在美军占领区安顿下来。与美国人在一起的时候，我特别有安全感。问题在于，我不得不偷偷地回到那个杀害了我家人的国家。当我第一次试图进入德国时，德国边境的一个哨兵拦住了我。面对这个德国军人，我非常暴躁。当他抓着我的手臂押送我离开边境时，我几乎精神崩溃了。

"你不能碰我！再也不要碰我！"我歇斯底里地喊道，"你可以杀了我，但是不要碰我！永远不要碰我！没有一个德国人能够再一次逮捕我！"这个德国士兵被我的举动惊呆了。

那天晚上我睡在离捷德边境不远的捷克斯洛伐克境内。第二天晚上，我穿越森林，再次成功地潜进了德国境内。之后，我直奔相对较新的盖伯斯难民营，我把难民营当作自己的家。在与一些年龄稍大些的犹太男子交流有关宗教和以色列建国问题的过程中，我重新拾起了信仰。我意识到，上帝一定对我的人生有自己的计划，他把我从焚尸炉里拯救出来一定有他的道理。我打算前往巴勒斯坦地区寻找我父亲和母亲这个大家庭的亲戚，还加入了阿利亚（Aliyah Bet）。阿利亚是一个犹太地下移民组织，它秘密帮助纳粹集中营中幸存下来的犹太人进入巴勒斯坦。我甚至还加入了基布兹（kibbutz，犹太集体农业公社的统称），不过它的运行并没有想象的那么好。当其他人告诉我，我必须与其他人分享一切，甚至我的衣服时，我提出了抗议："不，我不会与任何人共享我的衣服！"于是他们决定给我特权，把我当作一个例外，允许我继续保留和穿着自己的衣服。不过尽管如此，它仍然不适合我，我太固执、太独立了，无法成为一名优秀的基布兹成员。

我一直在寻找上帝，我渴望获得一个答案。这个问题我曾经在布痕瓦尔德集中营问过沙赫特拉比："上帝在哪儿？他怎么可以一边爱我一边又让我承受如此深重的痛苦，让我失去一切呢？"

我曾经听说过，一切事情的发生皆有其原因，上帝考验众人的方式神秘莫测，但是他总是有他自己的意图。我相信这一点。在魏玛市市长的那幢房子里与市长夫人"对决"事件发生数十年后，我看到的一篇文章终于向我证明，上帝最终是会把正义还给人间的。那篇文章是我朋友给我看的，刊登在1945年的《生活杂志》(*Life* magazine)上，它讲述的是许多纳粹分子在战后纷纷自杀谢罪的情况。下面是这篇文章的部分内容：

> 在战争快要结束的最后几天，很多德国军人意识到，他们的失败是不可避免的。失去了曾经给他们带来权力的枪弹刺刀和宣传机器，他们无法面对即将到来的清算——无论是来自战胜者组织的审判，还是来自他们自己良心的谴责。他们发现，最快也最可靠的逃避方式就是德国人所称的"Selbstmord"，即自杀……在希特勒的帝国里，德国军人开始停止杀害他人，转而开始自杀……魏玛市市长及

其妻子在目睹了发生在布痕瓦尔德集中营的种种残酷暴行之后，双双割腕自杀了。

那一天，在魏玛市市长的家里，上帝唤回了我的良心，我没有开枪杀死魏玛市市长的妻子，这使我最终能够免受罪恶和耻辱。我没有必要去杀死她，她自己会这么做。

第 6 章　来到美国

自从我们一家人被纳粹抓走后,我从来不允许自己花时间去"畅想未来",我觉得那是一种奢侈。作为一名从集中营中走出来的幸存者,我克服重重困难,交到了一些朋友,做了一门利用火车贩卖香烟的生意,顽强地活了下来。但是,父亲惨遭杀害的消息还是令我悲痛不已,我不得不停下贩卖香烟的生意,我需要休整一段时间。在接下来的 6 个月时间里,位于德国瓦瑟堡的盖伯斯难民营成了我的家。我与其他难民一起打牌、踢足球,与女孩子们交往,还结识了不少新来的难民。在这里,人们并没有特定的工作任务。如果谁想工作,谁就可以工作。如果谁什么都不想干,那么也可以什么都不干。我喜欢去工作。我生意上的小小成功以及我不断扩充的衣柜让我的自信心倍增。在奥斯维辛和布痕瓦尔德集中营,我被迫在条件极端恶劣的环境中工作,一天需要工作 13 个小时以上,而且毫无报酬。那时,我的工作只有在我遭受毒打时才有可能中断一会儿。现在,我之所以工作,是因为我想工作。更加令我开心的是,政府并不会来没收我的财产,也不会来剥夺我的劳动果实,我可以留下我所赚来的所有钱。这也就意味着,我可以用自己的双手创造财富,以改善自己的生活并帮助他人。

在我停止香烟贩卖生意的那段时间里，我在联合国善后救济总署（UNRRA）的一个停车场里担任机修工，主要负责保养和维修电机及车辆。我很喜欢具有挑战性的工作，我乐于用自己双手去克服困难，我很享受使事物变得更加美好的过程。

不过，我仍然固执地认为，服兵役是让一个男孩成长为一名顶天立地的男子汉的最佳途径。当我获悉父亲被杀害之后，我的这个信念变得更加强烈了，我希望通过服兵役来训练自己，希望获得军队里士兵们的关爱，更希望通过服兵役这种方式来让自己变得强大。随着我在捷克斯洛伐克军队里那段短暂军旅生涯的结束，我又找到了另一种方式来让我重温这种感受。许许多多的人在战斗中牺牲了，或者在毒气室里被毒死了，而我活着，因此我的良心不允许我袖手旁观。

有一天，在盖伯斯难民营，一位年龄稍大点的犹太人朋友告诉了我一些关于阿利亚这个秘密移民组织（Aliyah Bet）的事情。在希伯来文里，"Aliyah"（"阿利亚"）的意思就是"移民"，"Bet"是希伯来文字母表中的第二个字母。他对我解释说，犹太人正进行着一项秘密的"第二次移民"工作。当时，英国人控制着巴勒斯坦地区，他们已经与阿拉伯人签订了盟约，试图阻止大屠杀中的幸存者进入这个犹太人故土。他说，犹太人志愿者启动了一项秘密任务，偷偷帮助犹太难民和幸存者进入巴勒斯坦。他们还建立了一个名为"Brihah"（希伯来语，意思是"飞行"）的地下网络组织，帮助那些在德国、奥地利和其他国家难民营中的犹太人迁移到意大利、法国、希腊等国的一些港口城市，然后从那里登上开往犹太人故土的船只。美国人非常支持这种努力，他们投入了10艘轮船，还配备了250名美国老兵，自愿帮助在大屠杀中幸存下来的犹太人从欧洲各国或地区横跨地中海前往巴勒斯坦。然而，很多试图进入巴勒斯坦的大屠杀幸存者却被英国军人拦截了下来，然后被送进了收容所。

这就是我所听到的情况。"我能帮上什么忙吗？"我问。那人笑了。

"嗯，"他轻轻地说，"你还小，像这样的事情你还帮不上忙。"

"我已经18岁了，到今年8月我都19岁了。我曾在捷克斯洛伐克军队中服过兵役。在纳粹的枪炮下、在集中营中，我都存活了下来，我肯定能帮上忙的。"我说。

"那么，你会什么技能呢？"他稍稍带点怀疑的口气问。

"我现在是联合国善后救济总署一个停车场的机修工。"我说。

"你知道怎么开车吗？"他问。

"当然，"我说，"我驾驶过各种各样的车辆。"

"那么，大货车呢？"

"嗯，那种车我倒真的没有开过，"我承认道，"但是我敢肯定，我一定会弄明白怎么开的，让我试试！"

他说："有一个会说德语的美国军官负责我们这个地区的阿利亚秘密移民组织，既然你会说也听得懂德语，那么我会将你介绍给他。""你指的是陶布警官吗？"我说，"我很早以前就认识他了。有时候我会在停车场见到他，我还不知道他也加入了这个组织，我会跟他说的。"

几天后，陶布和我讨论了我的工作任务。陶布说我可以用停车场内的救护车先练练手，体会一下开那种特别笨重的车的感觉。在练习了几次之后，我很快就找到了开这种车的窍门。然后，他让我驾驶大卡车。陶布跟我说，天黑以后我得从停车场内开出一辆很大的大货车，然后会有二三十个人挤进这辆车里，有男的也有女的。我的任务是把他们送到意大利的指定地点。

"当你回来的时候，"陶布说，"因为你偷偷把车子开出了停车场，所以看管停车场的美国军人会把你扔进监狱，不过别担心，第二天早上我就会把你弄出来的。"

我前后大概运了六次，期间被抓了两次，就像陶布曾经告诉过的那样，每次我都不得不在监狱里呆上一个夜晚，不过我完全不介意待在监狱里。在经过长时间的夜间驾驶之后，有一个地方可以睡觉，让人觉得那根本不是在监狱，而像是在酒店，只是在一个带围栏的酒店而已。第二天早上，正如陶布所承诺的那样，他就会来到监狱，然后带着我离开。在帮助阿利亚秘密移民组织运送了很多犹太人之后，我开始考虑，自己是不是也应该偷偷地潜入巴勒斯坦境内呢？**我会遭受什么损失吗？我当时想，最起码，我将有可能找到自己的某个远房亲戚，如果是那样的话，那么我就可以与自己上一代的犹太大家庭重新建立联系了。**

似乎是对我本人内心深处这次与自己对话的一种回应，不久，即在一两个星期之后，一个名叫高德斯坦的人给我带来了好消息，他说在我原来居住的地方收到了一封寄给我的来自美国的信件。尽管我向来非常讨厌与俄国人打交道，但这次我还是专门去了一趟特普利斯—萨诺夫，然后又平安地回来了。这封信的地址表明，它寄自美国马里兰州的巴尔的摩市，这个地方我以前从来没有听说过。我打开信封，它的正文是用意第绪语写的，里面还夹了一张一美元的钞票。写这封信的人叫欧文·伯杰（Irving Berger），说自己是我舅舅。在难民营的那段时间里，我从来没有收到过任何来自于我家人和亲戚的信件，于是我迫不及待地读了起来，而且读了一遍又一遍。

我首先想到的是，邮递员是不是弄错了，这封信也许本来是要送给另一个与我同名同姓的都叫马克西米利安·格芮弗德的人的。但是经过多方查证，叫这个名字的只有我一人，这封信确实是写给我的。奇怪的是，欧文舅舅说，信里面夹着10美元钱，看来俄国人在转寄这封信的时候顺手把欧文舅舅慷慨给我的钱"牵"走了。但是真正吸引我的并不是那被"牵走"的10美元，而是信中所说的事情。欧文舅舅说，我的母亲从来没有见过他，她也没有见过她的其他兄弟姐妹，因为她出生得太晚了：在她出生之前，她的三个姐姐和两个哥哥就已经搬离了故乡。他说，我母亲的大姐是埃尔卡（Elka）姨妈，她也在美国，现住在纽约的布朗克斯。欧文舅舅还说，我还有另外一个舅舅，名叫安东尼奥·伯杰（Antonio Berger），他在美国的邻国墨西哥。他信中每提到一个我不认识的亲戚的名字，都让我发自内心地笑起来并热泪盈眶。他们能够在一个如此混乱的、经历了人类历史上从未有过的大屠杀的世界中找到我，真是一个奇迹！是的，他们一直在想方设法地寻找我，他们都很关心我。

这让我永生难忘!

欧文舅舅说,我应该到美国去与他们一起住。他说,如果我愿意去美国的话,他的家人都会很高兴,他们会帮我买好去美国的船票。这封信让许许多多问题都像潮水般涌向了我的脑海。

他是怎么找到我的?

我应该放弃我移民犹太人故土的计划吗?

我已经拥有了身在美国马里兰州巴尔的摩和纽约市布朗克斯区的亲人,我为什么还要千辛万苦地去巴勒斯坦寻找别的亲人呢?

我应该多了解一些美国。是艾森豪威尔及其美国军队解放了我们。我自己深知这一点。

是的,我要把一切我所能找到的跟美国有关的东西都认真地读完。任何我在报纸上看到的写着"美国"两个字的文章,我都应该把它读完,即使我看不懂我也要把它读完。

等等……陶布警官,他可以当我的导师。我明天就把这封信翻译出来读给他听,他会教我的,他会告诉我有关马里兰州巴尔的摩市的一切。

第二天,我在停车场遇到了陶布。"先生,我有几个关于美国的问题想问您,"我用德语兴奋地跟他说,"我们能聊一会儿吗?"

"当然!"陶布说,"你想知道什么?"

"嗯,您看,我收到了一封信。自从我住进难民营之后,这是我第一次收到我家人的信。信里说,我有一个舅舅叫欧文,他住在美国马里兰州的巴尔的摩市。您能跟我说说这个地方的情况吗?"

"这是一座伟大的城市，"陶布警官说，"美国许多重要的事件都发生在那里。它离美国首都华盛顿特区不远，与美国的另外两个大城市费城和纽约也比较近。"

"这几个城市的人民和政府怎么样？那里有纳粹分子吗？"

陶布警官哈哈大笑："不，不，不，没有！这是一个自由的国度，美国的政府是民主的，完全由人民当家作主。"

"因此，没有集中营或者任何类似于集中营这样的东西吗？"

他轻轻地笑着并摇了摇头。"你只需试着回忆一下来自费城和纽约的人有什么不同就行了。"他笑着说。我点了点头，就像我已经完全明白他所说的一切一样。

"你舅舅的那封信在哪儿？"陶布警官问。

"就在这里！"我说，把信拿给他看，"但它是用意第绪语写的。"

他接过信，看了看寄信人的地址。

"把它翻译出来并读给我听。"陶布说。

我读得很慢，以确保我能够尽量准确地把它翻译出来。

"您怎么看？"我问他，"我应该去美国吗？或者我应该抓住机会，与阿利亚秘密移民组织联系，设法去巴勒斯坦？"

"千万不要这么想！"陶布说，"如果你的欧文舅舅会送你一张船票，那么你就去美国，你会很高兴的。相信我！从来没有一个国家像美国那样，它是独一无二的！"

"是的。但是巴勒斯坦呢？"我问。

"巴勒斯坦？你甚至不知道你是否还有亲人在那里。根据那封信中所说的，在美国你至少还有一个姨妈和一个舅舅，你的另一个舅舅就在墨西哥。你为什么不去美国与你的亲人在一起，而要去巴勒斯坦寻找你很可能根本找不到的亲戚呢？"

陶布坚定了我内心早已做出的决定的信心。我非常感谢这个令人尊敬的老人，在我面对人生抉择时，他给了我充满智慧的建议。同时，他是美国人这个事实，也促使我下定决心去美国。

"我会帮你搜集一些必要的文件，这是你作为一个难民去美国必须填写的。"

"先生，我不知道该怎样感谢您才好。我会做好我必须做的任何事情的。我想了解美国的一切。我很激动！"我一再向他道谢。

"现在先别急，你要知道，这是一个非常漫长而复杂的过程。你必须得到美国政府的批准，这得化些时间。"他说。

"我明白，我明白，我只是太感谢您向我说的美国的一切了。我太需要这个与亲人团聚的机会了。"我说。

在接下来的日子里，我着魔般地去打听并了解有关美国的一切，以及遥远而神奇的马里兰州巴尔的摩市和纽约市布朗克斯区的一切。不管走到哪里，我都带着这封信。我按信上的地址给舅舅欧文写了封回信，感谢他千辛万苦地找到了我。我说，我非常愿意去美国与亲人待在一起。之后，我们便开始了长达数月之久的通信，每寄出一封信，都让我与我的美国之旅更近了一步。

自那次见面过后的几天，陶布带给了我一大沓文件，这都是我去美国之前需要填好的。之后，从我在盖伯斯难民营里遇到的一个名叫卡尔文·默梅尔斯坦（Kalvin Mermelstein）的朋友那里，我又进一步了解到一些我去美国后将会发生的情况。卡尔文·默梅尔斯坦是他们家10个孩子中的一个，他的家人与我父亲关系非常密切。尽管他的所有家人都在大屠杀中幸存下来了，但是默梅尔斯坦说，他希望自己到美国去开始一个全新的生活。他也有一些亲戚在美国，但是他发现申请过程当中要处理的事情实在太多了，可能要花上好几个月的时间。不过，我还是不清楚我要经过多少个环节才能被认定有资格进入美国。我必须去一家有资格的医院接受一系列疾病筛查，同时还要递交免疫记录、通过背景调查、提供证明文件，以证明我在美国有能够为我担保的保证人。对于这些正当而合理的预防措施，我全都很乐意遵守。但是，那些繁复的文件让我很担心，我害怕自己会被拒绝。

    后来有一天，在盖伯斯难民营，我收到了一个来自美国政府的通知，说我的申请已经被批准了。我立即写信给欧文舅舅，告诉他这个令人难以置信的好消息。他回信说，他会送一些衣服给我穿，让我在旅途中可以穿得体面些，他还请我耐心等待船票。

    埃尔卡姨妈的儿子、我的表兄马克·芬德里希（Mark Fendrich），帮我买了船票，并且把它邮寄给了我。几个星期后，我收到了船票。有了这张船票，我开始一个全新生活的梦想就将变成现实了。1947年9月11日，我将在德国的不来梅港登上恩尼·派尔号货轮（the SS *Ernie Pyle*）。船票载明，经过 7 天的航行之后，我将可以抵达美国纽约。这张从德国不来梅到美国纽约的船票价格为 142 美元。

我帮助阿利亚秘密移民组织运送犹太人的工作暂告一段落，因为美国已经接受了我。我拼命想寻找的亲人就在大洋彼岸，就在那个解放我、让我重获自由的国家内。我已经等不及了，我想尽快踏上通往美国的旅程。

事实上，阿利亚秘密移民组织的整个工作也快要接近尾声了。7 月，一艘名为"大迁移 1947"（"*Exodus 1947*"）的阿利亚秘密移民组织的船只载着 4 515 名犹太人离开了法国的赛特港。一个星期后，就在离巴勒斯坦海岸只有几英里距离的时候，英国军队登上了这艘轮船，这件事情激起了船上人的不满，因而爆发了激烈的冲突，最终导致两名乘客和一名船员丧生。英国军队迫使这艘轮船运着乘客返回了法国，但是船上的犹太人拒绝下船。法国方面也告诉英国军队，他们绝不会协助英国军队强行驱赶犹太人下船，因此，英国军队决定把所有犹太人遣返德国。英国军队强行将一艘满载大屠杀幸存者的轮船送回了那个企图灭绝他们的国家。这个事件引发了国际社会的普遍关注和强烈谴责。1947 年年底，联合国投票决定将巴勒斯坦分成两个国家：一个是犹太人国家，另一个是阿拉伯人国家。1948 年 5 月 14 日，一个新的现代国家——以色列——正式诞生了。

启程前往美国的那一天终于到来了，我带着仅有的一点财产（一个小包裹）来到了不来梅港。上船之前，我站在码头上静静地观望着这个长达 522 英尺、由坚硬金属构造的庞然大物。我以前从来不曾见过这样的轮船。这艘轮船以富有传奇色彩的美国记者恩尼·派尔的名字命名,它是一艘军用货船,载重量达14 600吨,是美国海事委员会所属舰队中最大的一艘货轮。一见到它,我就深深地被它吸引和震撼了,同时也感到了一丝焦虑。

之后,我登上了船。环视轮船,我看到了无数张因为能够回到祖国而洋溢着幸福笑容的美国士兵的脸。我虽然听不懂他们说的话,但是他们友善而亲切的面容让我安心。当轮船缓缓驶出港口时,我们一并沿着金属栏杆站立着,许多人不断地挥手告别,我却没有这么做;相反,我把我的胳膊搭在金属栏杆上,凝视着渐行渐远的德国,即使其他人挥舞着双手道完最后一次别,即使轻柔的微风吹散他们的最后一次亲吻,我也依然凝视着。前行的轮船把荡漾的波浪切成了碎片,德国大陆不断地后退,视线已经越来越模糊了,这里永远埋藏着我家人的血液和骨灰。我长时间地注视着,当我最后一眼看向这越来越模糊的海岸线时,我想起了在奥斯维辛集中营时,我跟父亲在一起的最后一个晚上父亲跟我说的最后一句话:"你一定要以我们为荣,你不要觉得对不起我们。这是你必须做的事情!"

我不会让你失望的,父亲,我向你发誓:我会如你所愿!我要让我的人生充满希望,我会努力工作,我会幸福地活着,把你失去的全都弥补上。你只需要耐心地等着,我的父亲,我会做到的,我会让你为我骄傲的!

之后,我随着人流离开了金属栏杆和甲板,同时留意着每一条通道。熙熙攘攘的人群早已散去,人们各自回到了自己的小房间,我也微笑着走进了我的房间——C-40号。

船上除了美国士兵外,还有一群一群的犹太人和德国旅客。我决定加入一群正在玩扑克牌的犹太男子中。在难民营我玩过无数次扑克,为此我练得了一手好牌技,我对自己非常有信心——后来的事实证明,这种信心显然过强了。与这些人玩了几手之后,我开始在船上寻找我认识的两个人:一个是我在盖伯斯难民营认识的名叫丹尼·弗瑞德(Danny Freid)的男孩;另一个是个女孩,名叫西尔维娅(Sylvia),我第一次遇见她是在特普利斯—萨诺夫,她比我小一点,留着一头深褐色的头发,非常温柔,我们见过好几次面,但只是普通朋友。后来我找到了丹尼,但是自始至终我都没有找到西尔维娅。

事实证明,在恩尼·派尔号的第一个晚上是我整个七天旅行中度过的唯一一个美好的晚上。到第二天早上,我就开始晕船了,而且晕得非常厉害,几乎无法下床。更加糟糕的是,整个晚上洋流都异常凶猛,而且航行得越远,洋流越凶猛。

在行程的第三天,我强迫自己走出房间,到甲板的顶层去呼吸新鲜空气。我穿着一件布拉格的裁缝师为我缝制的西服外套。当我透过飞溅到甲板上的白色浪花向外看时,波浪强烈地撞击着右船舷,这时浪花就像间歇式喷泉那样拂了我一脸,冰凉的海水和强大的气流瞬间让我头脑清醒起来。风刮起了我的外套,我就像披着一件披风。我双手交叉紧紧地抓住我的衣领,以防止外套在风中被吹走。我的双腿开始颤抖了,我靠着墙面滑了下来并坐在了甲板上。大概不到一个小时之后,一个德国女孩也来到了甲板上,她看上去比我稍大点,很明显她也感觉不太舒服。"你也晕船吗？"我用德语问。

"是的，我感觉很不舒服。"她说。

"我也是。新鲜的空气、一望无际的洋面对我们有帮助，来吧，跟我一起！"我说，然后拍了拍我旁边的甲板。然而，她却因为腿站立不稳颓然地跌坐在了甲板上。我们相互对坐着，谁也没说话，但是毫无尴尬之感。几分钟后，一个巨大的翻滚着的浪涛重重地撞击着轮船，激起的浪花打湿了甲板，湿滑的甲板让我们无法坐稳，以致我们滑行了很长一段距离。

我挣扎着爬起来，努力透过栏杆看向外面。我们的轮船好似驶进了一个深深的、巨大的深蓝色陨石坑般的浪涛当中，沉重的船头像一只鸽子一样俯冲进了浪底，然后又像一根软木塞一样上下急速颠簸，当它处于浪尖时，又再次像鸽子一样冲向浪底。船身不断地上下颠簸。"这海浪真大！"我向那个女孩大声喊道，"快抓牢！"我一边喊一边迅速爬向附近的一根绳索，把它的一端系在一个重物上，然后我跪在女孩身边，用绳子环绕住我们两人的腰，将我们两人紧紧地系在一起。"以防万一。"我喊道。

她笑了，部分是因为它很有趣，部分是因为她知道我在与她调情。"很有创意。"她扬了扬眉毛说。我们脸色发青，浑身湿透，但是我们因为彼此陪伴而倍感温暖。"你要去美国哪里呢？"她问。

"马里兰州的巴尔的摩，"我说，"不过我也可能去纽约市的布朗克斯区暂住。"她看上去一脸疑惑，但是由于晕船晕得厉害，同时也太累了，她根本无力去思考我的回答。"我的舅舅欧文住在巴尔的摩，是他邀请我来美国的。他写信告诉我，我一到美国他就会来接我。开始的时候我会和他住一段时间,之后他会帮我找工作。我也给我的朋友卡尔文·默梅尔斯坦写了封信,告诉他在码头会面,他是三个月前去美国的。"我说。她一边微笑着跟我说着话一边点点头。"你了解美国吗?"我迎着风大声问她。

"了解,"她努力张开她的双臂和双手,"非常非常地了解。"

我们彼此倚靠着并都闭上了双眼,在这孤独而又让人焦躁不安的夜晚,偷得几分钟的安闲。依偎着她睡觉让我觉得很安宁。后来女孩轻轻地拍醒了我。"我要回去了,"她说,"你能帮我把绳子解开吗?"我松开了我们腰间的绳结。

"或许以后我还会见到你的。"她说,"祝你旅途愉快!"

"希望你现在感觉好点了。"我说。

虽然我晕船,连续五天五夜都在恶心和呕吐,但是什么也抑制不住我即将抵达美国的激动和兴奋之情。我不知道将要发生什么,我对美国唯一真正的印象来自于我跟美国士兵的交往,这些交往都是积极的:艾森豪威尔和他的手下拯救了我,让我重新获得了自由;陶布警官给了我指引和忠告;我的舅舅找到了我,并邀请我前往美国和他一起住(我父亲在布达佩斯的表兄弟的行径则与此形成鲜明的对照);我的表兄慷慨解囊,为我购买船票。我所遇到的美国人无不具有慷慨的、自我牺牲的精神,他们给我留下了永不磨灭的印象。与我所认识的欧洲相比,我认为将前往的地方肯定是一个完全不同的地方。

大海仍然没有平静下来,旅程依然很辛苦。不过到了第六天,我的身

体已经开始慢慢适应海浪中颠簸的轮船了,我已经能够行走了,不再感到头昏和恶心。最重要的是,我已经能够吞下食物了,而且也不再呕吐。当天晚上,我怀揣着 7 美元钱重新回到了牌桌。我觉得自己应该会有好运气,我相信自己可以赢回更多。在玩牌之前,我已经站在牌桌边观察了好一会儿。在打了几圈之后,我摸到了一副大牌。我手上全是大牌:三个王、两个 A。**机会来了,我想,没有人能打败我了,我必须全力以赴**。我押上了自己所有的钱。我摊开牌,双手开始伸向那堆高高堆起的钱。这时,另外一个牌友却丢出了一个王炸——四张相同的牌,尽管总共才有五张牌。我眼巴巴地看着他拿走了所有的钱。

我曾听许多人说起过美国是一个"机会之地"。我不是很明白这句话的意思,但是我很清楚,无论美国是一个多么伟大的国家,我都需要一些钱来维持自己的生存。输光了钱令我觉得有些惊慌失措。当牌局散了之后,我把那个赢我钱的家伙拉到了一边,放下了我的骄傲,然后对他说:"你赢了我,这很公平,不过,我得向你借 10 美元,我现在已经身无分文了。我保证,当我们抵达美国后,我会还给你的。"

"你怎么了?"他说,脸上带着浅浅的微笑,"你怎么能找到我并把钱还给我呢?"

"我会找到你的,我从不食言!"我说,"没有钱我下不了这艘船。我没有要求你把钱还给我,我只是向你借钱。就这样,请你把钱借给我吧!如果不是走投无路,我是不会开口向你借钱的。"那人沉默了,一边想着我说的话。"我会支付利息给你的!"我恳求道。于是,他把手伸进了自己的口袋，掏出了一把钱。

"利息就不必了，你只需还我 10 美元就行了。"他一边说着一边从中抽出 10 美元递给了我。

"谢谢！你太仁慈了，我真是感激不尽！我不会忘记你的！"我说。

我回到自己的小房间，激动与兴奋让我难以入眠。我天马行空地胡思乱想着，美国像走马灯一样在我脑海中一幕一幕地快速闪过。我即将到达那个让我重获自由的国家。我的内心油然生出了一种自豪感。我想起自己被解放那天在布痕瓦尔德集中营看到的那些美国士兵，他们中许多人是那么的年轻，比现在的我大不了几岁。他们离开自己的父母亲、女朋友或妻子，远涉重洋，为陌生的他人而战，有的甚至因此而牺牲了自己的生命。想起他们，我的心里更充满了感激，双眼噙满了泪水。我相信，能够养育出这样一群年轻人的国家，必定是一个非常伟大的国家。

那天是 1947 年 9 月 18 日，星期六。轮船上到处都是欢声笑语。到了下午晚些时候，我在甲板上找到了一个比较舒适的地方，可以让我清晰地远眺海洋。我坐在那里，透过海面看向那片大陆，可是我什么也没有看到。夜幕降临了，天空下起了雨，于是我移到一个可以挡风遮雨的地方，然而，我还是把自己留在了船舱外面，我不想错过任何一个观察新家园的机会。我透过雨幕目不转睛地扫视着，希望发现陆地。我整整搜寻了大约一个小时，但是等到此起彼伏的欢呼声真的响起来时，我还是被吓了一大跳。

"快看！"许多人都在喊，"就在那儿！"黑暗的地平线上闪烁着星星点点的灯光，之后灯光越来越密集、一排排璀璨耀眼，犹如一串串完美无瑕的宝石，与漆黑的大海连成了一片。

看到灯光的消息迅速地扩散开来，旅客们纷纷涌了出来，甲板上很快喧闹了起来，人们沿着金属栏杆站立着。远处的灯光看上去越来越高了，天际线那边纽约的形象分分钟都在变得更大、更明亮。我也同样笑着，欢呼着。

轮船放慢了速度，载着我们缓缓地驶进了纽约港。一尊巨大的、闪闪发光的女性雕像傲然挺立于湿润的黑夜中。我不知道她代表着什么，她怎么会矗立在那儿，或者为什么要矗立在那儿。

我凝视着这个灯火通明、熠熠生辉的城市。鳞次栉比的建筑物拔地而起，高高低低绵延数公里。随着轮船的行进，我的视线在这些闪闪发光的建筑物之间来回跳动，最后停留在了远处漆黑的天际线上。

我就要重生了，我的新生活就要开始了，这种感觉牢牢地抓住了我。我想，有能力建造出如此辉煌的建筑物的大陆必定有能力帮助像我这样渺小的人物。

恩尼·派尔号终于靠岸了，我已经等不及要上岸了。但是我不得不先办理一些移民手续，因此，我只能在船上再度过一个焦躁不安的晚上。我根本没有心思回我那个小房间，相反，我整夜都待在甲板上贪婪地看着我的新国家，就像一个骄傲的父亲看着自己刚出生的熟睡中的孩子一样。我提醒自己，应该设法让自己休息一下了，以便我能够在来美国的第一天这个重要的日子里以饱满的精神与我的家人见面。

第二天早上，当我走下轮船时，一个移民局的官员和一个意第绪语的英语翻译官给我颁发了一张绿卡。"你现在已经是一个美国人了，但是还不是美国公民。"这位官员说。

"你弄错了，我是捷克人。"我说。

"不，你不再是捷克人了，现在你是一个美国人了。"他说。

"不，你看，我出生在捷克斯洛伐克的巴甫洛沃。"我说。

"我知道，但是现在你已经是一个美国人了。不过你还不是一个美国公民。从现在开始，除了你必须每年申报一次之外，我所拥有的所有权利，你也一样享有。如果你遵纪守法，那么你跟我就是完全一样的。"他说，"在今后的五年内，如果你决定成为一名美国公民，那么只需要通过一些必要的测试，你就可以正式成为美国公民了，明白了吗？"

"明白了。"我说。

我简直不敢相信。他真的对我说了这样一些话吗？我是一个美国人了吗？我才刚刚来到这里呢！我太高兴了，我太幸运了，我觉得自己根本不配得到这一切。对我来说，这是我听到过的最美妙的语言了。我一定要好好珍惜这个机会。**这是一个多么伟大的国家啊！**我想，**我确实来对了地方。**

这位官员把绿卡递给了我。我看着它，备感自豪。"我真的成为一个美国人了吗？"我问翻译官。

"是的。"他给我一个温暖的微笑。

"太好了！"我说，"我是美国人了！"

走下轮船，我不知道下一步该怎么办。欧文舅舅曾经寄给我一张照片，但是我没有看到任何一个人看上去像照片上的那个人。我再次环顾四周，寻找我的朋友卡尔文，但是我同样也没有找到他。正当我感到有点不安的时候，一位老太太走到了我面前。"你是马克西米利安吗？"她用意第绪语问道。

"是的，我叫马克西米利安·格芮弗德。"我说。她张开双臂紧紧地拥抱着我，同时亲热地亲吻我的脸颊。但是我根本不知道她是谁。

"我是你的姨妈埃尔卡，你妈妈的大姐。"她说，"你看，这儿！"她举起了一张我的照片，那是我们被关进集中营之前拍摄的。"我的弟弟，也就是你的舅舅欧文，把这张照片给了我，让我来接你。你先在布朗克斯和我呆一个星期，然后他会来我家接你去巴尔的摩。"她说。

"哦，我知道了。"我说，但是我并没有立即明白她真正的意思，"真高兴见到您……您知道……这港口的灯光太亮了……"

埃尔卡姨妈站在那里，用她那双大大的、棕色的眼睛打量着我。我是她的外甥，即使她以前从来没有见过我，但她依然像爱她自己的家人那样爱我。

"谢谢您！"我最后终于弄明白了，"我真是太高兴了，非常感谢！"

"你看起来太瘦了，"她戳了戳我的肋骨并开玩笑说道，"我们要把你养得肥一些。过来，认识一下我的女婿乔。"我和乔握了握手，拥抱了一下。几分钟后，我听到一个熟悉的声音在叫我的名字，是卡尔文，他如约而来。我拥抱了他，并把他介绍给了埃尔卡姨妈和乔。他们让卡尔文和我都一起上车。

我们冒雨走向乔的汽车,这是一辆令人印象深刻的闪闪发亮的黑色纳什车。我用胳膊肘碰了碰卡尔文。"这让我想起我的黑色大奔。"我笑着说。

"我记得那个故事。"他狡黠地眨着眼睛笑着说。

我们驱车穿过纽约市的一条条大街,雨水不断地打在车窗上,城市的色彩和轮廓随着我们车子的移动不断地变化着,不过大部分时间都是模糊不清的。几乎所有开汽车的人都在猛按喇叭,街道上灯光闪烁,行人则在人行道上快步急走。放眼望去,商店随处可见,这让我感到非常兴奋。"商店真多啊!"我说,"在这儿是不是每个人都有工作?"

"每个想要工作的人都会有工作的。"埃尔卡姨妈回答道。

我们径直来到了埃尔卡姨妈家位于布朗克斯区的家,那是一幢小小的褐石楼房。我的姨父、埃尔卡姨妈的丈夫路易是一名匈牙利人,他已经等在门口欢迎我们了。他把我们迎进了家里。我们相互拥抱并开心地笑着,一边用意第绪语说着话,一边愉快地吃着东西。"嗯,到目前为止,你是怎么看美国的?"乔问我。

"我爱这个国家!"我说,"我是一名住在纽约布朗克斯区的美国人!"

全家人——我的家人——爆发出了阵阵笑声。

"好,只是你不能说'布朗克斯区',"乔说,"我们只说'布朗克斯'。"

"好吧!"我说,"我是一名住在布朗克斯的美国人!"

"太好了!"他说,"就是这样!"

这天晚上,虽然整个城市喧闹无比,但是我却一觉睡到了天亮。这是这一年来我睡得最好的一个晚上。

第二天早上,乔和埃尔卡姨妈驾车带我参观了整座城市。在离家不到半英里的地方,我看到了一个令人不安的景象:在一幢巨大的建筑物边上,许许多多面容看上去非常疲倦和悲惨的人排着一眼望不到头的队伍蜿蜒前行。"真没想到,"我用一种令人担忧的语气说道,"一定发生了什么可怕的事情。这些人全都在挨饿吗?我从来没见过如此多的人排队等着救济。"

"亲爱的,那不是等待分配救济食物的队伍,"埃尔卡姨妈说,"这里是洋基球场。"

第 7 章　GGG 公司

1947 年的纽约，是一座具有魔力的城市。

街道上走着形形色色的人。不过在这里，什么事情都有可能发生。我恰好是在传奇性的 1947 年世界职业棒球大赛总决赛开始前的第十一天到达的——洋基队和鲁克林道奇队这两支纽约棒球队垄断了这届总决赛。一方是乔·狄马乔（Joe DiMaggio）、优吉·贝拉（Yogi Berra）和费里·李兹图（Phil Rizzuto）等人，另一方是杰基·罗宾森（Jackie Robinson）、佩·维·里斯（Pee Wee Reese）和杜克·斯奈德（Duke Snider）等人，这些棒球巨星即将上演巅峰对决，令全纽约都为之发狂。洋基队的主场是位于布朗克斯的洋基球场，布鲁克林道奇队的主场则是位于布鲁克林的埃比茨球场。虽然我对棒球一无所知，但是有一点我是绝对不会搞错的，那就是整座城市的人都处于狂欢之中。

我也一样情绪高涨。我对人生从未如此充满过希望。我年轻、强壮，有一颗热切的心。在与埃尔卡姨妈待在一起的最初那几天时间里，我就深深地爱上了纽约。虽然不久之后我就要去巴尔的摩了，但是在我的内心深处，总有一种声音在告诉我，我一定会找到重返纽约的路的。

我的表兄马克·芬德里希把我接到了巴尔的摩，还热心地为我介绍美国的各种情况。马克是名成功人士，长得也很英俊，看到他我不禁会想起我的母亲。他告诉我，我还有另外一个姨妈，名叫格西（Gussie），她也住在巴尔的摩。马克又对我说，原先定好的在巴尔的摩与欧文舅舅一起住的计划将有所改变。

"你仍然住在巴尔的摩，不过，你会和你的大表姐弗朗西斯·伯曼（Frances Berman）及她的丈夫莫（Moe）一起住。"马克说，"他们都是非常好的人，而且事业有成。莫通过经营房地产和保释公司赚了不少钱，弗朗西斯则是一位女帽制造商，她制造出的帽子肯定是你这辈子见过的最漂亮的帽子。他们拥有一幢非常大的、很漂亮的三层楼房，那里有很多空闲的房间可供你居住。他们有三个女儿：芭芭拉、娜塔莉和妮基。你会喜欢他们家的，他们已经迫不及待地想见到你了。弗朗西斯表姐会来接你去她和莫在巴尔的摩的家的。"

我讨厌自己给他们的家庭增加负担，但是我很高兴有这么多人如此关心我。

正如马克之前所说的，弗朗西斯表姐在巴尔的摩的家位于卡拉威大道。这是一幢巨大的白色房子，共有六间卧室，每个房间都有漂亮的绿色百叶窗。当弗朗西斯载着我把车子停在她家门口时，她的全家人都出来迎接和拥抱我。莫说的是意第绪语，其他人则讲英语。我走进了他们美丽、整洁的家，没过几分钟，弗朗西斯和她的三个女儿就为我准备好了美味的家庭盛宴。

伯曼像对待国王一样对待我。我就像住进了一个豪华的、精致的酒店，有女佣侍奉，每一餐都让我觉得是在享用正式的晚宴。伯曼带我参观了巴尔的摩市区，并把我介绍给了当地的一些人，但是我无法与他们沟通。一切都让我感觉很美好，但是语言不通又令我比较尴尬。弗朗西斯表姐最小的孩子妮基大约比我小 10 岁，我的到来，使她一直以来的一个梦想——希望自己有一个大哥哥——变成了现实。因此，我必须努力不让她失望。我们一起玩一些小游戏，我用一些呆傻的表情和手势来逗她。但是，除非莫在旁边做翻译，否则我们没法畅通地与她进行沟通。

我在弗朗西斯表姐家住了几天后，有一天表姐对我说，她准备给我买一套好点的衣服，穿上它去参加工作面试。于是她带我到商店给我买了我平生第一套 GGG 西服。这个品牌的西服是以姓高德曼（Goldman）的三个兄弟的名字来命名的，分别为威廉·高德曼（William Goldman）、曼尼·高德曼（Mannie Goldman）和莫里斯·高德曼（Morris Goldman）。GGG 是纽约市第一家手工定制男士西服的制造商。在此之前，我就听说过 GGG 了，因为我的朋友卡尔文就在那家工厂上班。弗朗西斯说，GGG 西服是市场上能买到的最好的西服。她们家在我身上花了那么多钱，令我很不安，直到这身西服穿在我身上我才感觉好点。它非常合身，也很配我，穿上它让我看起来很帅、很时髦，也很机敏。如果我无法用英语来表达自己的感受的话，那么这套衣服一定会替我说些什么。

"你看起来已经很像一个美国人了，"弗朗西斯说，"你已经拥有了一套最好的美国西服，现在，你所需要的是得到一份很好的美国人的工作。

我想我知道你将来应该为谁工作以及在哪里工作。"

弗朗西斯说,莫已经与一个名叫本·米勒(Ben Miller)的人谈过了,让我去他的家具装饰公司工作。最重要的是,米勒先生会说意第绪语。两天后,米勒先生开着一辆巨大的豪华的凯迪拉克来到了伯曼的家。当他从车里走出来时,他身穿一件精巧的西服,拄着拐杖慢步走向大门。像他这样一位富有的、地位显赫的人,亲自驱车前来见一个年仅19岁的难民,这一切让我对米勒先生的人格有了一个更清晰的认识,即使他让我在他的家具装饰公司钉钉子,我也愿意。

那天晚上,我给卡尔文打了个电话,告诉他这个好消息。他对我的新职位表示祝贺,但是游说我离开巴尔的摩,去纽约跟他一起到GGG公司工作。他说他可以跟我住一个房间,我们共同分担租金。我告诉他,我会考虑他的建议,但是我想先在室内装潢公司练练手。米勒先生是如此慷慨和善良,以致我根本感觉不到他有一丝一毫的傲慢或粗鲁。

在接下来的三周时间里,我在米勒先生巨大的家具装饰厂里做包装和钉布的工作。我工作很努力,也做得很好。米勒先生很喜欢我对细节的关注。他说,我比他曾经雇用过的任何一位员工都努力。他的称赞坚定了我的信心。

在那些日子里,下班吃了晚餐后,弗朗西斯、莫和我就会坐在餐桌边聊天。我慢慢地注意到,由于他们都知道我是大屠杀的幸存者,因此他们一直都在用一种微妙的但是明确无误的方式引导我谈论有关大屠杀的话题。他们在试探我,看我是否愿意与他们分享我的经历。我理解他们的好奇，但是我发现自己很难再开口谈论自己曾经经历的一切。我的沉默并不是因为我重新打开通向死亡和黑暗记忆的闸门会让我痛苦不堪，而是因为我认为他们当中没有任何一个人会相信我所说的一切。如果我从小生活在美国，有人告诉那样一个故事，我不确定我是否会相信。在曾经那样绝望、那样残酷的世界里，人怎么可能活得下来呢？大多数美国人都会觉得，在一个"文明"的社会里，发生这种事情是不可想象的。

也许正因为这个原因，我打算把名字马克西米利安·格芮弗德改成一个听起来更像是美国人的名字。一天晚饭后，我问莫我的这个主意是否可行。"是的，对有些人来说，拼读马克西米利安·格芮弗德确实有点困难。这个名字听起来非常具有种族特色。"他说，"不过，马克斯·格芮弗德听起来没有那么别扭。"

"是的，但是它听起来不像是一个美国人的名字。我想要一个既好听又美国化的名字。"我说。

弗朗西斯整理好厨房之后，也走过来加入了我们的谈话。她请莫翻译和解释我们讨论的问题。"我喜欢你的名字，马克西。你为什么要改名字呢？"她问。

"我现在是一个美国人了，"我说，"我想要一个美国人的名字。"

我甚至连一口流利的英语都不会讲，但是不知为什么，我确信改成一个纯美国的名字势在必行。我根本不知道，我们的谈话将决定我未来的时尚商务的品牌。

"好吧！"弗朗西斯说，"那么，你想好了要改成什么名字了吗？"

"与我自己原来的名字有点像，但又有所不同。"我说。

"有点像，但又有所不同的……"她口中轻轻地叨念道，双眼瞟向了天花板，"嗯……"

"我想起了一个让人肃然起敬的名字。"我说。

莫和弗朗西斯给我列出了许多不同的名字。最后，弗朗西斯脱口而出，"那马丁怎么样？不是马丁·格芮弗德，是马丁·格林菲尔德（Martin Greenfield），怎么样？"

"我喜欢这个名字！"我说，兴奋地拍打着桌子，"莫，你觉得怎么样？马丁·格林菲尔德？"

"听起来不错。"他说，"为什么不用这个名字呢？"

就这样，我成了马丁·格林菲尔德。对于刚刚开始美国新生活的我来说，这是一件非常重大的事。你有了一个新的名字，你就有了一个全新的开始。因为在很大程度上，你告诉别人你自己是什么你就是什么。举例来说，卡尔文刚来美国时，他决定让自己"一下子长大两岁"。虽然卡尔文实际年龄比我还小，但是现在名义上他已经比我大了。他甚至以此经常取笑我："听着，小伙子……"他还会以一种权威式的口吻跟我开玩笑。

或许我用"马克西米利安"这个不同寻常的品牌名，我的生意会增加得更快，但是谁知道呢？无论如何，"马丁·格林菲尔德"这个名字应该能得到人们的敬重，而且还有一定的分量。更妙的是，它读起来和拼起来都比较容易。这名字很好！

几个星期过去了，我仍然没法与伯曼家的女孩和其他人交流，这让我深感沮丧。当我在自己的家乡巴甫洛沃时，我从小就梦想自己有一天能够成为一名医生，能够救死扶伤。但是，如今在这儿，我已经19岁了，但我甚至连一句简单的英语都听不懂，更不用说写了。我找不到与别人交流的方法，我无法与别人分享我的想法和感受，这让我感到很不舒服，也经常令我尴尬万分。每隔几天我就要给卡尔文打电话，我与卡尔文的交流是那么通畅。当然，卡尔文并不能够解决我的问题。"你应该来布鲁克林看看这里的女孩子。如果你在这里，我们每天晚上都可以出去尽情地玩乐。"他说，"你可以从巴尔的摩坐火车到布鲁克林来，如果你现在出发，今天晚上就可以到达。我已经跟我的上司说过了，你可以在GGG得到一份工作。你是一个心灵手巧的人。还有，你不需要任何技能，你可以从勤杂工开始做起。"

"我喜欢现在的这份工作，我做得很好。"我说，"主要是语言问题。我知道我肯定可以很快地学会英语。我会说捷克语、匈牙利语、德语和意第绪语。这些语言我都学得很快，而且掌握得都很好。我只是需要时间去上一些英语课，我必须更加努力地学习。问题是我要工作，无法去上英语课。"

"我正想告诉你的是，我在这里上英语课，你也可以一起来上。这是晚上的课程，你可以在白天上班，晚上上英语课。"他说。

"真的是这样的吗？他们是在晚上上课吗？"我问。

"是的！"他说。

"那么我会好好考虑的。"

"你总是这么说，马克斯。"

"我现在是马丁，马丁·格林菲尔德！"

"好吧，马丁·格林菲尔德，我们下次再聊。"

如果我决定搬到纽约去，我必须按照我自己的方式行事。我不想对伯曼或米勒先生表现出任何一丁点儿的不敬或忘恩负义，因此，在我做出决定之前，我得跟他们谈谈。第二天，在工作时我跟米勒先生聊了起来。

"先生，我一直在思考我的工作。"我说，"您对我总是那么好，那么仁慈，我非常感激您！我永远都感激您！但是您看，我有一个朋友，他现在住在纽约布鲁克林，他说他帮我在GGG公司找了份勤杂工的工作。他说纽约是年轻人的天堂，我可以过去跟他一起住。"

"我明白了。"米勒一边说一边用他的钢笔轻轻地敲着桌子，"嗯，这听起来是一个令人激动的机会。有什么问题吗？"

"哦，先生，我只是不想伤伯曼一家的心。他们像您一样，一直都对我那么好。虽然他们以前从来没有见过我，但是当我第一次来到这里时，他们就敞开大门欢迎我。我实在不想……"

"你不想让他们伤心。"他说。

"没错！"我说，"我很难与他们的孩子交流，这令我感到很不自在，除非我自己能轻松自如地与他们交流，不需要依靠别人的翻译。我知道我自己会很快学会说英语的。在布鲁克林有晚上上课的英语学习班，在那里我可以白天上班、晚上学英语。我只是不知道该如何告诉伯曼这件事。我不想让他们一家人认为我是忘恩负义的人，或者我不尊重他们。"

"当然，我会帮你的。"米勒先生说，"我会到伯曼家当你的翻译官的。当他们看到我支持你时，他们会理解的。"

之后，米勒先生果真如约来到了伯曼家。

"马丁请我来你们家当他的翻译，他有很重要的事情要跟你们商量。"米勒说。

我向他们解释，我爱他们每个人，非常非常地爱，他们为我敞开了他们家的大门，我的心里充满了感激，仅仅是"谢谢"两字不足以表达我对他们的感激之情。然而，我解释道，我需要学习语言，我不想成为他们的负担，我决定坐火车到布鲁克林去，我将去GGG公司工作，我会与我儿时的伙伴卡尔文住在一起。

"到光明节那天，"我说，"我就会用英语直接和你们沟通了，请你们相信我！"

有了米勒先生的在场和翻译，事情就变得不一样了。伯曼一家人都充满爱心，他们理解我，也支持我的决定。他们说，无论我什么时候想回到巴尔的摩，他们的家就是我的家。

这次谈话之后的下一个星期，我就坐火车去了纽约的布鲁克林。

我一下火车便看到了笑容满面的卡尔文。"欢迎来到你纽约的家！"他说着便张开了双臂，我也给了他一个大大的拥抱，然后我们一起走向我们位于布鲁克林第十三街的那个小小的租屋。我们租的是三间小房间里的其中的一间。我有一张小床可睡，有一个公用浴室可用，每月租金为6.5美元。一切都很完美！

我的首要目标是学好英语。对我来说，掌握英语确实是一件事关自尊的事情。如今，我已经在美国定居，成为一个美国人了，我必须学会说英语。根据我的经验，掌握一门新语言的最好办法就是一头扎进去。在我到布鲁克林之后不久，我就在伊拉兹马斯高中报名参加了一个夜间英语学习班。我的老师是一位非常有耐心的女士，极富同情心，她在举例时经常会讲一些美国的传统和习俗，以此来活跃我们的思维并提高我们的学习兴趣。很少有美国习俗能够像棒球那样激起我的好奇心。

刚到美国不久，我就看到过在洋基球场外的那么多球迷排着长队，他们只抱着一线希望：买到一张世界职业棒球大赛的票。从那时起，我就想好好了解一下棒球。我想，任何一项运动，只要能让那么多人为买到一张票而宁愿排几个小时的队，必定是非常吸引人的。我们要完成的其中一项家庭作业，就是带一张自己特别想了解的美国某个事物的照片到学校里来交流。同伴们带来了各种各样的照片，有电影明星的，有历史人物的，也有美国标志性建筑的，而我则带了一张棒球照片。

"你感兴趣的这项运动被称为棒球，"她说，"你了解棒球的最好方法是到现场去看比赛。"她拿出一张小纸片迅速记下了一些东西，然后递给了我。"这是埃比茨棒球场的地址，"她说，"布鲁克林道奇队就在那里打棒球。"

那个周末，我找到了埃比茨球场，但是那里空无一人。**虽然今天没有正式比赛，但是我至少可以看看比赛的场地啊**，我想。于是我绕着这个巨大的建筑物走了一圈，把每个门都试着推了推，但是它们全都锁上了。

第二天下课后,我问老师:"根据您上次给我的地址,我去了那个地方,可是门是锁上的,我进不去。为什么他们要把棒球场锁上呢?"。

"哦,不,你看,现在不是棒球赛季,"她解释道,"现在你必须等待,直到下一个棒球赛季开始。"

我不太明白她的意思。在我的家乡巴甫洛沃,我们想什么时候踢足球就什么时候踢。为什么看棒球还得等待某个特定的"季节"呢?我不明白,我几乎等不及了。

对于我的工作情况,我并没有那么兴奋。卡尔文成功地为我在 GGG 公司谋得了一份工作,周薪为 35 美元。我没有裁缝经验,因此他们让我从勤杂工做起,让我登记和管理堆放在木地板上的各种半成品。这家公司是在 1917 年创立的,有数百名员工,分别在几十个不同的岗位上工作着。刚入职的我完全不清楚整个操作流程,如果不是因为架子上挂着的成品西服,我根本就猜不出来我们这家公司是制造什么产品的。

如果说我对裁剪西服有什么经验的话,唯一的经验就是我曾经让布拉格的一名裁缝帮我缝制过两套西服。他只有一个人,所有的工序都是他自己一个人完成的。但是在 GGG 公司,制作一套西服需要数百名员工的合作,他们分别负责各自的工序,这是一种流水线式的操作方式。但是它繁杂的制作过程让我困惑不解,再加上我刚来美国,还存在语言交流上的障碍,因此我的工作并不太顺利。更加糟糕的是,有一个特别让人讨厌的工人,不知为什么,他虽然会说意第绪语,但他就是不说,因为他喜欢看我的窘态。

在我工作的第一个星期快结束的时候,我已经做好了放弃这份工作的打算。我去找GGG公司的经理阿道夫·罗森伯格(Adolph Rosenberg)。"我不知道这份工作是不是适合我。"我对他说。

"你做得很好啊!出什么问题了吗?"他问。

"我现在的工作任务让我觉得自己很愚蠢。我不明白我在做什么,我也不知道西服是怎么做出来的。"我说。他听了之后就笑了。"当然,我非常需要这份工作,我也是带着感激之情在做这份工作的。但是,除非这份工作对我来说是有意义的,否则我就无法很好地完成。我必须知道自己在做什么,因为当我弄明白之后,我就会比任何人都做得好。"

阿道夫·罗森伯格明白了我的意思,他也同意我的看法,即只有在了解了西服制作的整个流程之后,才能充分挖掘和调动员工的潜能。他是我合作过的最好的经理之一。他的弟弟山姆(Sam)也在GGG公司工作,负责熨烫衣服。罗森伯格兄弟都在美国出生,但是除了英语之外,他们还会说意第绪语和匈牙利语。如果不是因为阿道夫·罗森伯格在管理上的直觉和耐心,我可能很早就彻底退出西服制作行业了。他曾经亲自带着我一个环节一个环节地去了解整个西服制作流程,耐心解释完成每一件西服必须经过的108道工序。每位员工在自己的制作环节都是非常专业的,因此,对于自己负责的这一道工序而言,每位员工都完全可以称得上是专家。当然,整个系统要确保具有一致性。在手工定制西服界,GGG公司首创的制作过程是一个全新的突破。待罗森伯格先生带我参观完整个流程之后,我就已经完全明白了:这些看上去杂乱无意的碎布片是如何被拼接到一起进而变成一件件精美或庄重的西服的。

如果说纳粹集中营曾经教会我什么的话，那就是这个道理了：如果你拥有一门必不可少的技艺，那么你就不太可能会被淘汰。我下定决心要把GGG公司的每一道工序都学会，我想要成为最优秀的员工，我想要脱颖而出。手工挑缝、缝褶、拷边、贴边和装衬里、暗缝、熨烫、测量夹圈、装饰、挂襻、明缲针法、预绲边、最后修整……所有这些工序我都要学会，而且每一道工序都要比教我的人做得还要好。

我也明白了开放式的、高强度的交流和沟通的重要性。我可以向各行各业各个层次的人学习。虽然我之前只接受过小学教育，然而，数十年来，我制作出了世界上最好的男士西服。我并不一定需要一个非常昂贵的教育。我注意观察，认真聆听，不耻下问，活到老学到老。我认为没有最好，只有更好，因此，我总是想办法不断超越。我精益求精，从不满足于已有的卓越，追求完美让我永葆激情。谁愿意退而求其次屈居第二呢？当老二有什么意义呢？如果我要投入数年的时间去学习手工剪裁这门艰苦的手艺，那么除非我能缝制出极其漂亮的服装，否则我是不会停止练习的。

在GGG公司，再也没有比弗兰克·派切西欧（Frank Perchacio）更好的设计师了。弗兰克身高只有5英尺，但他却是我见过的最优秀的设计师和裁缝，他是一个传奇式的人物。他在意大利的时候曾经做过七八年的裁缝学徒，后来又去芝加哥的设计学校学习。这一双重背景让他拥有了宝贵的能力，使他能够把自己脑海中的设计通过自己一双精巧的手工剪裁技艺转化为一件件实实在在的衣服。他喜欢创新。事实上，弗兰克设计的第一件超短夹克，受到了身材较矮的客户的青睐，产品大为畅销。

不过，并不是所有 GGG 公司的员工都像罗森伯格和派切西欧那样平易近人、令人受益匪浅的，与有些同事的交往让我深感挫折。饶具讽刺意味的是，与我分歧最大的居然是我的美国犹太人同事。我们阅读相同的犹太律法，我们参加相同的"斯库尔"（schul，犹太人集会），但是我们的人生经历和思想倾向却完全不同。我简直不敢相信，他们怎么会如此无知地投入到一个事实已经证明极其失败的意识形态的怀抱中呢？"你们在这里出生，"我告诉他们，"你们从来没有经历过这样的事情，但是我却经历过。你们根本不知道你们在说些什么！你们怎么会在没有经过调查、不明真相的情况下相信那些理论呢？"我问他们。

争辩是徒劳的，他们已经完全被洗脑了。他们毫无证据和经验地坚持自己的政治理论。我很难过，因为他们都是 GGG 公司的员工，他们中的许多人都为人真诚、工作努力。我决定以后最好只讨论西服，而不涉及任何社会政治问题。我根本没有办法让他们理解我。他们被忽悠了。我曾经见过暴政的丑恶嘴脸，但是他们没有。他们相信这些理论，这让他们觉得舒服；他们永远也不需要去亲身体验这些理论造成的后果。但是我与他们却完全不同。

尽管我与这些同事之间存在着巨大的分歧，尽管他们的想法曾经令我深感愤怒，但我还是找不到一家能比 GGG 公司更好的公司来磨练我的技艺。手工剪裁是一项非常辛苦的技能，它是通过师徒传承方式一代代传下来的。GGG 公司让我无意中迈入了服装制作知识和专业技术的殿堂。威廉·高德曼、弗兰克·派切西欧、阿道夫·罗森伯格等人传授给我的制作服装的知识和技能，以及给予我的机遇，在时尚界弥足珍贵。现在想起来，我手工剪裁的完美之路就始于我在GGG公司工作期间，特别是罗森伯格先生领着我一个环节一个环节地去观摩制作世界一流西服的108道工序的那一天。

在GGG公司的工作是非常辛苦的。在结束了一天的工作后，我和卡尔文还要去上英语课，上完课后，我们会去市区走走。我们会去逛夜店，例如，去位于第四十五街的"丹尼之家"（Danny's Hideaway）。有几个星期四的晚上，我们还去多拉酒店共进晚餐。我们还会去看电影，参加四人约会。我们都是年轻人，我们有我们生活的梦想。

到纽约近三个月之后，我第一次想去一趟华盛顿特区。"如果没有到过华盛顿，那么我就不算是个美国人。"我说。

"太好了！我们可以在圣诞节和新年之间的那一周去。"卡尔文说。

我们坐火车去了华盛顿，住在了卡尔文的一个姨妈家。她的丈夫跟我父亲同一天出生，在巴甫洛沃他们两个人是很好的朋友。他开了一家超市，有两个女儿。没住几天我就发现，他们家人想让我和他家正在上大学的大女儿建立恋爱关系。女孩的父亲建议，让她当导游陪卡尔文和我参观华盛顿市区，如果有必要的话，她还可以做我们的翻译。

我对美国的喜爱日益加深。国会大厦、白宫——我做梦也没有想到，数十年之后，我会为这些建筑物里的人制作西服——是我最想去看一看的地方。而且，毋庸置疑的是，我深深地爱上了这个国家的首都的一草一木。事实上，我和卡尔文什么地方都想去看看，我们想体验美国首都的一切。我们免费参观了博物馆。当我刚踏上美国土地的时候，移民局的官员曾告诉过我，在未来的五年时间里，如果我通过了美国历史的考试，我便可以正式成为一名美国公民。我必须认真研究华盛顿。亚伯拉罕·林肯总统和德怀特·艾森豪威尔将军成了我最崇拜的偶像，我认为他们是美国的典型代表。林肯总统解放了黑奴。当我们来到林肯纪念堂，站在那庄严的大理石雕像前时，我微微地笑了，是这个人把这个国家团结了起来，他让我感到自豪。宪法说，人民应该控制政府，而不是相反。最初接触到这种激进的思想时，我觉得相当震惊，但是我还是喜欢这个想法，因为我知道，它确实是一个非常具有革命性的珍贵的思想。

我们可能算是比较执着的游客吧！我们还参观了美国参议院。由于我们主人的女儿随时都在旁边给我们做翻译，所以我们与任何一个看上去愿意和我们说两句的人说话时，交流都是顺畅的。在这一过程中，一个年龄稍大点的、看起来像重要人物的人走向了我们，问我们是否很享受在美国首都的时光。

"这确实是一个令人难以置信的经历，我做梦都没有想到它会是如此美丽的一个地方。"我操着一口蹩脚的英语说。

"你是从哪儿来的？"他问。

"纽约布鲁克林。"我说。

"我们的北边邻居，"他说，"好极了！"

"我叫马丁·格林菲尔德。这是我的朋友卡尔文·默梅尔斯坦。"我说。

"很高兴见到你。我是阿尔本·巴克利（Alben Barkley），是来自肯塔基州的参议员。"他说。

"参议员？见到您真荣幸，先生！"我说。

"是啊，见到您真荣幸！"卡尔文也说。

"是啊，见到你们我也一样荣幸！"他说，"你们最初是从哪里来的？"

"我们来自捷克斯洛伐克的巴甫洛沃，"我说，"从纳粹集中营被解放之后就来到了美国。"听到这里，巴克利参议员停顿了一下，然后再向我们靠近了一步。

"你在集中营呆过吗？"他用一种平静的语调问我。

"是的，呆过，先生。"

"哪里的集中营？"他问。

"奥斯维辛和布痕瓦尔德。"我说。巴克利参议员看起来完全被震惊了。

"你们今天有时间和我共进午餐吗？"他问，"能够请你们吃饭是我的荣幸。自从我们赢得了这场战争后，我去过德国，亲自参观过集中营。我看到了遍地的尸体。我看到的一切太可怕了！这是我一生中见到过的最可怕的事情。我很有兴趣听听你们的经历。"

卡尔文和我睁大眼睛看了看对方。"好的，先生！"我们异口同声地说。

当我们坐下来吃饭时，巴克利的问题铺天盖地而来。任何我们听不明白的地方，我们的翻译朋友都会翻译给我们听。他想知道一切。我震惊于他对希特勒、纳粹和集中营的熟悉程度。实际上，巴克利在1945年4月24日参观布痕瓦尔德集中营的时候，我还待在集中营。以下是巴克利在他1954年的回忆录《这使我想起》（That Reminds Me）的部分内容：

这是一种完全不同的体验，它的恐怖已经深深刻入了我的脑海，这种记忆在我有生之年都不会被抹去。那是我在1945年初的德国之行，当时我作为国会联合委员会主席视察纳粹集中营的"灭绝中心"。那时，美国军队已经攻入了德国，艾森豪威尔将军，也即后来的盟军统帅，建议马歇尔将军——身在华盛顿的参谋长——要求国会派一个委员会去对这些集中营展开调查，因为在集中营里发生的事情是如此残暴，如此让人恐惧，简直让人难以置信，如果不是亲眼所见，你根本不会相信世界上居然会有这种事……我们参观了布痕瓦尔德、北豪森和达豪等地的集中营，这些臭名昭著的集中营名字将永远地刻在历史的耻辱柱上。我们所看到的一切实在让人愤怒，根本无法用笔墨来形容：我们看到了饥饿、死亡，尸体像积木一样堆满了集中营大院，有的尸体甚至还像屠宰场里的牲畜那样被悬挂于钩子上，这让我们恨不得立马能够操起一根棍子或者拿起一把手枪去惩治那些罪魁祸首。

他是真诚的，对我们的经历、对我们所遭受的地狱般的一切，真的非常感兴趣。他是一位参议员，是一个有权势、有地位的重要人物，但是他居然愿意在百忙之中抽出时间来慷慨地接待我们两个可怜的难民，这同样使我震惊不已。

"如果可以的话，我想与你们两个保持联系。"他说。

"那真是太好了，先生。"卡尔文说。

"我也很乐意，先生。"我说。

"那么，现在请在这里写下你们的通讯地址，以便我可以联系到你们。"他说。

我当时想，他这样做肯定是出于礼貌，我从来没有寄希望于他真的会给我们写信。但是他写了，而且不止一次。

一年后，阿尔本·巴克利当选为美国第三十五任副总统。

布鲁克林的春天到了，姗姗来迟的棒球赛季终于开始了。我已经等不及要看第一场棒球赛了。距离球场最近的看台门票是25美分一张。第一次去看棒球赛的时候，我是独自一人去埃比茨球场的。涌动的人潮，如雷般的欢呼声，精彩的表演，所有这一切都让我深深地迷恋。球员们在球场上大声叫喊着跑位，转动着身体投球，挥舞着球棒击球，我甚至不知道哪支球队赢了哪支球队输了。我只知道在球场内，与这么多的美国公民肩并肩地坐在一起看球赛，让我觉得自己就像是一个真正的美国人。我觉得我是属于美国的，我已经有了一种归属感。

英语课后，我跟老师说了我第一次观球的感受，告诉她我很喜欢这种体验。不过我比以前更加不明白比赛规则了。"如果我帮您买一张门票，您愿意跟我一起去看球赛并给我解释比赛规则吗？"我羞涩地问道。她同意了。于是，第二次球赛我们便一同前往观看。

事实证明，埃比茨球场是一个"终极美国英语课堂"。老师把球场变成了一块黑板，她把每一个位置、每一条规则的发音都教给了我，给我解释了跑、局和击球的含义，让我学会了看指示牌和宣传牌。她还在现场考我，以确保我能够理解这些规则。当我答错时，她就会咯咯地笑，温和地帮我纠正错误。

大约在第八局，我望向了远处郁郁葱葱的绿茵场地以及清澈湛蓝的天空。轻柔的微风温和地拂过我的脸颊，我被这一刻的场景深深地感动了。我的生活是一个奇迹：球场上击打棒球的声音以及欢呼声取代了集中营的掌掴声、惨叫声以及被毒打的刺痛；我拥有了朋友和家人；我拿到了美国绿卡；我有工作可做，各种机会也愿意垂青我；我有了自己的棒球偶像杰基·罗宾森。对此，我油然生出了深深的感恩之情，这种感恩之情占满了我整个心间，使我感到我的人生充满着一种让我捉摸不透的意义和目的：上帝通过某种惊人的、神圣的仁慈之举，让我成了不多的燃起生命之火的幸运儿之一。

当时，人们称纽约为奇迹之城。此话虽确实如此，但我认为它只说对了一半。美国，这个我热爱的新祖国，是一个奇迹之国。我对它完全没有了解透彻。在短短的几个月内，我的老师送给了我一份礼物——让我学会了说英语。语言是一种货币，我绝不会浪费它。

由于手头上可以用的钱比较紧张，于是我决定多做一份工作：在晚上熨烫衣服，以便把伙食费节省下来。这份工作是没有报酬的，但是我可以获得免费的一日三餐，当然，我还能学到许多宝贵的知识，它的价值远远大于物质奖励。做熨烫工作，让我能够更近距离地接触衣服，能够更多地认识各种面料。西服的质量首先取决于面料，比如说能不能看出针脚、抗褶皱程度如何、穿着它的感觉如何、抗污渍程度如何等等，所有这些都由面料决定。

我很快学会了仅凭肉眼和手指就能够区分出面料的优劣程度。在检查夹克衫面料时，我完全不需要看品牌标签，只需用拇指按压一下面料，检查一下扣眼（优质西服的纽扣都是用手工而不是机器缝制的），用手指触摸一下里衬，我就知道好坏了。每一次，在拿起一件西服看它的标签之前，我都会猜测一下：这件衣服是由哪个著名设计师设计的，或者它是否是一件廉价的仿冒品。如此这般两个星期之后，我就再也没有猜错过了。

虽然我当熨烫工的时间非常短，但是它却让我学到了许多宝贵的知识，而且在这段时间里，我得到的最重要的教益来自于GGG公司的老板威廉·高德曼先生本人。威廉·高德曼先生共有5个兄弟，他在30岁那年创立了GGG公司，自此之后便成了公司的顶梁柱。威廉·高德曼教会了我一切，是他让我熟练地掌握了手工定制男装的全部业务流程。

威廉·高德曼先生对我可谓是青眼有加，而且称得上是"一眼相中"。为了提高工作效率，我让一个木匠帮我做了一个巨大的箱子，把所有工作中需要用到的线轴和材料全都整理和分类好，然后装进了这个大箱子里每个隔好的空间里。通常，高德曼先生和阿道夫·罗森伯格会到所有车间和各个工位察看员工的工作情况。有一次，当他们看到我的大箱子时，高德曼先生眼前一亮。"这是什么？"他问道。

"打开它，让他看看。"罗森伯格说。

我打开箱子，箱子里装满了我准备好的线轴、针、裁缝用的胶带等物品。"不断地来回去拿材料太浪费时间了，我这样做只是为了节约时间。"我解释道。

"太好了！"高德曼先生说，"这太完美了！"他对一切能够提高效率、降低成本、减少浪费的东西都喜爱之极。从那时起，我就成了他心目中的一个佼佼者。他总是叫我"马蒂诺。"有一天，我问他为什么要这么称呼我，他说："许多优秀的裁缝都是意大利人。我之所以叫你马蒂诺，是因为我相信，终有一天，即使是最优秀的意大利裁缝与你相比，也会相形见绌。"在高德曼先生面前，我从来没有直接叫过他的名字；即使在他背后，我也从来没有叫过他的名字。我没有办法不从心底里尊敬他。

高德曼先生身材高大、卓尔不群，但是面容温和、慈祥，他有一副薄薄的嘴唇、一双炯炯有神的眼睛。每一天，他总会先穿着GGG西服巡视公司的各个车间。巡视完毕之后，他又匆匆忙忙地换上裁缝用的围裙，然后直奔裁剪房。他非常喜欢裁剪，因为是他当裁缝的父亲教会了他这门手艺。有时在星期四，高德曼先生会到他位于曼哈顿第十四街的办公室工作。

高德曼先生毕业于一所老式学校。他非常尊重员工，他跟人握手时总是非常真诚。每当午饭的时候，他总会亲自挑选出 6 名工人与他共进午餐。而在吃饭时，大家必须遵守一条规则，那就是不许谈工作，只许谈家庭、爱好、兴趣和生活。高德曼先生想了解他的员工，倾听他们的声音，他想通过这种方式了解员工的实际困难，并且帮助他们解决问题。当某位员工有需要时，他总是设法帮助他；而当某位员工提出要求时，他总会指示经理们尽他们最大的努力去为他提供方便。

在 GGG 公司工作了一段时间后，我已经攒下了几百美元，于是决定买一辆老爷车，并自己把它修好。我来美国后最早注意到的一件事情是，美国人都非常喜爱汽车。因此，拥有一辆自己的汽车也就成了我的一个目标，但是我根本买不起新车，即使一辆二手车我也负担不起。然而，一辆引擎报废的 1937 年的庞蒂克破车，我还是买得起的，因此我花 225 美元买下了它，还花了 25 美元把它拖了回来。由于我自己曾经是一名汽车修理工，因此我知道，只要给我一些时间，我一定能捣鼓出一个引擎。问题在于，没有地方可供我停车。在听说了我的困难后，阿道夫·罗森伯格告诉我，可以把车免费停在公司厂房的后面。更让我高兴的是，他允许我在下班之后去修汽车。几个月后，我终于成功地再造出了一个引擎，我成了集中营难民中最早拥有自己汽车的人。

"GGG"中的第二个"G"是指莫里斯·高德曼，他是公司的销售主管。对他来说，这肯定是再适合不过的工作了，因为他喜欢冒险，总是追求利润最大化。他渴望自己能够战胜一切困难，凡事都能施展拳脚。他有强烈的参与赛马的激情。而正是莫里斯,带我参加了我平生第一次赛马。他教我如何赌马,如何挑选最好的马匹。

曼尼·高德曼是"GGG"中的第三个"G"。有人曾经说,曼尼是这样一个人:他早上一睁开眼便想知道他能为谁做点什么。他是一个非常优雅的人,还拥有广泛的高端人脉,与在任总统、一些名人及商业大亨等都建立了联系。他经常出去旅行,负责把握流行趋势。当他没有出去旅行(搜集新的服装样本和流行款式)的时候,他每天下午四点钟左右都会来公司,以确保整个业务流程能够平稳运转。

高德曼三兄弟的小弟弟亚伯·高德曼是后来才来 GGG 公司工作的。他是我所有老板中最古怪的一位了。亚伯有洁癖,他非常害怕细菌,以至于在 GGG 公司的聚会中,他总是站在离吧台最近的地方喝酒——他想让自己能够及时用酒精清洁双手。当我们缝他西服的扣眼时,他总是要求我们把丝线浸在酒精里,这样他在扣纽扣时,就能够确保他触碰到丝线的手不会沾染细菌。然而,颇具讽刺意味的是,亚伯恰恰死于细菌感染。

高德曼兄弟成员是一个慈善的团队,他们共同建立了威廉·高德曼兄弟基金会(William Goldman & Brothers Foundation),这个基金会直到今天依然一直运转。威廉·高德曼先生的慷慨体现在各个方面。在 GGG 公司工作 6 个月之后,我的工作岗位已经从勤杂工变为裁剪试样工直至盲缝车工了。有一天,威廉·高德曼先生走到我工作的地方检查我缝的针脚。他拿起一块我缝过的布,然后用他的手指沿着我缝制的针脚线来回触摸。"真是高质量的工作,马蒂诺,质量很好。"他说。

"谢谢您，先生。"我回答。

"你喜欢在这里工作吗？"

"是的，先生，非常喜欢。"

"那么，你想终生成为一名裁缝师吗？"

"我不知道，先生。"我回答，"之前我一直想成为一名医生。不过我听说在美国，它需要花很长时间，还要付高昂的学费。"

"你知道要花多少时间吗？在你成为一名医生之前，你可能已经都60岁了。我可以给你作为一名医生的同样多的钱，我会把你提升为助理主管，然后是经理，我甚至可以为你一个人制定专门的利润分享计划，让你不受公司通常制度的限制。马蒂诺，我会让你成为一名'**西服**医生'的！"

"**西服**医生！"我笑了，"哇，谢谢您，先生，您真是一位慷慨大方的人，我接受了！"

"祝你工作愉快！"威廉·高德曼先生说，然后他把手放在我的肩膀上并用双眼注视着我，"马蒂诺，我有没有告诉过你如何在这个行业获得成功的秘密？"他问。

"没有，先生。"我说。

"你想让我告诉你吗？"

"非常想。"

"在我们这个行业，成功的关键在于制作出来的西服质量，我们要让产品具有其内在价值。"我点了点头，但是并不知道"内在"的意思。"马蒂诺，它的意思是，一个人之所以愿意为一件GGG西服支付很多的钱，是因为他知道，与我们更便宜的竞争者相比，我们用的材料更上乘，制作出来的西服质量也更好。"他解释道。

"我明白了。"我说。

"因此，即使我们的西服价钱更高，他们也愿意付钱购买，因为他们知道我们的西服是本行业中最好的。我们的西服很耐穿，比同行的西服耐穿得更久。"他说。

生产出具有其内在价值的高质量的产品。

威廉·高德曼先生的话成了我的座右铭。是的，质量才是最过硬的讨价还价的本钱。

在工作之余，我和卡尔文会尝试着去向女孩子求爱，我们想了解什么是浪漫的爱情。我们身上的GGG西服使我们成了布鲁克林穿着最好的难民。但是，我们还没有掌握如何得体地跟女孩们套近乎的本领，我们也不知道如何充满魅力地、有智慧地追求女孩子。

在我们这个两层楼的出租公寓里住的女孩们有好几个：一对姐妹，她们身形丰满，共用一间卧室；还有一位迷人的模特，她在早晨时总是会长时间地占用公共卫生间，我和卡尔文只得像打仗一样地急匆匆洗漱完，然后匆匆忙忙地去上班。美丽的模特为了让自己呈现出完美的形象，通常总要在卫生间里呆上一个小时，我们为了避开她占用公共卫生间的时间，不得不提早半个小时起床。

某一天早上，当我准备上班时，无意中走到窗口向外望了望。我慢慢扫视着街道，当我不经意间望向正对着我们这幢楼的一个房间时，我看到那里有一扇窗户没有关上，窗边站着一个女孩子，她有着一头如丝绸般柔滑的金发和甜美的笑容。我站在那儿，静静地看着她。她正跟屋子里的某个人讲话，时不时地用手势比画着什么。她生机勃勃充满活力的样子把我深深给迷住了。突然，她转过身，朝我这边看过来，我从对她的深情注视中惊醒过来，快速地抬起双手，假装要关窗户的样子。虽然我放低了窗户的玻璃，但还是紧紧地盯着她看，而她的目光也没有从我身上移开。她还向我挥了挥手，我笑了笑，也挥了挥手。

这之后的一个星期里，在每天上下班的途中，我都特别留意，看能否在她家门外的街上碰到她。终于有一天，我看到了正准备进家门的她。

"你好，我是马丁。"我说着，同时伸出了手。

"很高兴见到你！我是海伦，海伦·维塔利斯（Helen Vitalis）。你住在这儿多久了？"她问道。我不知道她问的是我来美国多久了，还是我住在这个出租公寓多久了。

"嗯，我跟朋友卡尔文是几个月前来这儿住的。"我说，"我们两个人都在GGG公司工作。我们都是裁缝师。"

"哇，"她说，"太厉害了！"

不久，我们两人就确立了恋爱关系。

海伦的父亲是希腊广播电台的一名播音员，他第一眼看到我就喜欢上了我。她的母亲是一位很有魅力的乌克兰人。每逢周末，维塔利斯先生都会开着他的大福特车带我和海伦去海滩玩，或者带我们去吃大餐。他会带我去任何我想去的地方。

海伦的姐姐玛丽亚（Maria）二十多岁，是一名半职业歌手。有一天晚上，海伦邀请我和她一起去曼哈顿看玛丽亚在一档名为"流行歌曲排行榜"（Your Hit Parade）的电台节目中的表演。"我想你会喜欢的，"海伦说，"他们还会免费分发好彩香烟（Lucky Strike cigarettes）。"其实我一直抽的是切斯菲尔德牌香烟（Chesterfields），但是我不忍心扫她的兴。而且，无论如何，不管是什么香烟，总归是免费的，何乐而不为呢？

我们到达节目现场，果然，服务员给我们分发了免费的好彩香烟。我随手拿了好几包并把它们塞进了我的上衣口袋。很早以前，当我在火车上进行黑市香烟交易时，我便知道一个老烟民会用一些有价值的东西来与你交换一包他喜爱的香烟。

"能够赶上看你姐姐的演唱，真是太让人激动了！"我说。玛丽亚迈步走上了舞台，站在了两名伴唱歌手的边上。她演唱时充满激情然而又镇定自若。待演出结束后，我和海伦等着玛丽亚出来和她打招呼，我们对她的成功演出表示祝贺。

"我和朋友打算到离这里有一个街区远的一家餐馆里喝点酒，舒缓舒缓压力，你们愿意跟我们一起去吗？"她问道。

我不会喝酒，但是我很高兴能与他们一起去。"太好了！"我说。

"你们在这里等一下，我去找一下其他人，等他们都到齐了再一起走过去。"玛丽亚说。不一会儿，她带着一名歌手和那两名伴唱一同回来了。"马丁，海伦，来见一下我们的领唱弗兰克·西纳特拉（Frank Sinatra）。"

玛丽亚说。

"谢谢你们能来,"西纳特拉说,"希望你们喜欢今晚的表演。"

"太棒了!"我说,"你们很了不起,我喜欢。"

"太好了!"西纳特拉说,"我们走吧!"

我们一行人沿着街道向那家餐馆走去,西纳特拉想喝点酒。

之前我虽隐约听说过西纳特拉的名字,不过对他的实际情况却几乎一无所知。到那时为止,他只出过两张专辑,分别为1946年的《弗兰克·西纳特拉之声》(*the Voice of Frank Sinatra*)和《西纳特拉之歌》(*Songs by Sinatra*)。他的声音非常纯净,具有魔力,但是作为一名收入微薄的大屠杀幸存者,我感觉能够免费拿到几包香烟比第一次遇到西纳特拉更有价值。

我很享受跟海伦一起度过的时光,但是我不知道她是不是那个适合我的女孩。我渴望得到威廉·高德曼先生的建议,于是有一天,我带着她去GGG公司参加了新年晚宴,并把她介绍给了大家。后来,我问威廉·高德曼先生他的看法。"嗯,马蒂诺,她是一个漂亮的女孩,"他告诉我,"但是如果你问我,你是否可以跟她结婚,那么我告诉你,你不能!"

"为什么?你的理由是什么呢?"我问。

"好吧,我只是觉得你应该跟一名优秀的犹太女孩结婚,就这样!"他说。

第 8 章　丽人行

　　1948 年夏天，我终于意识到威廉·高德曼先生是对的，海伦并不适合我。问题不在于她，而在于我。她并没有对我做过什么说不过去的事情，但是我初来美国有太多的事情需要去做了：适应在美国的新生活，走马观花，探索新世界。美国很大，它确实太大了，什么都有可能遇到，你有太多东西需要学习了。简单地说，我终于意识到，我还没有做好结婚的准备。继续再去找海伦，浪费她的时间，对她是不公平的。但是，我不知道应该如何结束这段恋情。我不想伤害她，她和她的家人是那么的善良。更重要的是，我曾经失去过所有我爱的人，我真的无法承受再次说再见的痛苦。

　　在这一点上，我是怯懦的。然而，我进退维谷的处境，随着我在墨西哥的安东尼奥舅舅寄给我的一封信，突然有了一个解决办法。安东尼奥·伯杰舅舅没有孩子，他一生中的大部分时间都住在法国，他因为无法获准进入美国才移居墨西哥的。安东尼奥舅舅与两个姨妈和欧文舅舅一样，从来没有见过我妈妈，他也在我妈妈出生前就离开捷克斯洛伐克的巴甫洛沃了。我与安东尼奥舅舅一直保持着通信联系，自从欧文舅舅在最开始寄到盖伯斯难民营的信中告诉我安东尼奥舅舅的地址之后,这种联系就开始了。在他最近的一封信中,安东尼奥舅舅告诉我,他将送给我一张飞机票,请我到墨西哥去看他,好好地度一个假。他说,那里的海水清澈透明,那里的女孩美丽大方,那里的气候温和宜人,那里是度假的天堂。

之前我从来没有坐过飞机。飞往某个度假胜地去度假对我来说是非常陌生的,在我看来,民用航空是专门为那些富有的或者有名望的人准备的,而不是为我们这些普通老百姓服务的。当然,对我这样一个一文不名的难民来说,应该是想都不敢想的事情。现在,对我而言,时机确实非常好,公司每年夏天都会歇业一段时间,给员工们放假。

那年夏天,烈日灼灼,烘烤着大地,安东尼奥舅舅说他已经为我买好了飞机票,让我留意他的信件并且做好去墨西哥度假的准备,享受为期一周的美妙时光。安东尼奥舅舅是一名成功的商人,他在房地产和珠宝行业方面都取得了成功。他的慷慨让我感动,与他一起共度美好的时光,能够加深我与他之间的亲情,这让我激动。

卡尔文对此很理解,也为我高兴。同样让他感到高兴的是,至少我们当中的一个人能够说自己已经坐过飞机了。"大人物,也许你会遇到电影明星或歌星呢,世事难料啊!"他调侃道,并亲切地拍了拍我的肩膀。

墨西哥之旅让我找到了一个婉言拒绝海伦的办法,然后我们便可以各奔东西了。我没有告诉她我只不过是去墨西哥度假一周,相反,我跟她说,我要移民到墨西哥去了,这是永久性的。因为我与海伦住处相邻,我的诡计迫使我和卡尔文不得不搬离原来租住的地方。搬家对我们来说是很容易的事，我们所有的东西加起来只不过一两件行李箱和几个盒子而已。另外，我们一直都想找个空间更大点的地方，现在终于有借口了，虽然这个借口实在太糟糕。

我买了一条漂亮的项链送给海伦。当我把它挂在海伦的脖子上时，我告诉她，希望这条项链能够永远陪伴她，希望她看到这条项链时能想到我们两人在一起度过的美好时光。"我会永远爱你的！"我字斟句酌地说，"但是，我希望我们不会成为彼此的羁绊和束缚，希望将来我们都能够自由地去恋爱、去生活。你是一个既善良又漂亮的女孩，希望幸福的脚步永远都会跟随你！"

然后，我就和卡尔文逃到了布里克曼酒店（Hotel Brickman），这是位于卡茨基尔的一个颇受欢迎的犹太人度假胜地，每年夏天会以非常优惠的价格专门为单身青年男女提供活动空间：住宿一个星期只需要35美元。在此期间，你还可以游泳、打网球、打乒乓球，还可以参与其他活动。我想在这里逗留几天，然后及时回去签收安东尼奥舅舅寄给我的机票。

许多青年男女都是因为如此优惠的价格才慕名而来的，他们唯一的目的是玩乐和享受。在这之前，我生活的全部就是持续不断的工作，因此，纯粹享乐的旅游对我来说是一种完全陌生的体验。我们在喀尔巴阡山脉的生活非常简朴，从来没有奢望过到度假胜地去进行奢侈的消费。我当时想，**我应该会习惯这种生活的**。我享受着日光浴和女孩的陪伴。三天后，我收到了一个消息，安东尼奥舅舅已经帮我买好了第二天美国航空公司的机票。卡尔文、埃尔卡姨妈以及她的家人都来机场送了我。

我的第一段航程是从纽约飞往达拉斯，飞机在跑道上快速地奔跑着，发出了强劲有力的轰鸣声，然后快速地升空而起，在纽约上空盘旋着。我坐在一个靠窗的位置上，俯瞰着这个具有魔力的大都市，思绪飘回到一年前我第一次抵达美国时的情景：我站在恩尼·派尔号货轮的甲板上，深深地眺望着自由女神像。如今，我的生活发生了太多的变化，也知道了那个雕像是什么，以及她代表着什么。

飞机穿过云层，梦幻般地漂浮于云朵之上。我不知道墨西哥是一个什么样的国家，也不知道安东尼奥舅舅长什么样子。但是他寄给我的信让我感觉很温暖，他说非常欢迎我去他家。那年早些时候，我曾经在信中提到过我想成为一名医生，于是安东尼奥舅舅告诉我，他很乐意帮助我完成大学学业。我很感激安东尼奥舅舅的好意，但是我不会接受，因为这不是我的风格。我希望我所得到的一切都是我自己的劳动所得。然而，他愿意慷慨资助从未谋面的外甥，这让我确信他是一位心地善良的人。

飞机降落在了达拉斯。但是下一段航程需要我先得到移民局的批准，之后才能进入墨西哥。队伍排得很长，我们的航班旅客爆满。当轮到我时，我把机票和绿卡递给了一位官员。他的眼睛在我的脸上、机票上和绿卡上来回地扫视。"先生，很抱歉，我们不能让你进入墨西哥。"他平静地说。

"你说什么？"我说。

"我是说，你出生在捷克斯洛伐克，对吗？"

"是的，是捷克斯洛伐克的巴甫洛沃。"

"那就对了，先生，"他清了清嗓子说，"那是一个共产主义国家，我们不能让你登上飞往墨西哥的飞机。"

"我很清楚那是一个共产主义国家。"

"我们是不会允许你登机的，先生。"

"你不明白，我的舅舅安东尼奥·伯杰住在墨西哥，是他给我买了飞机票。我有绿卡，再过几年我就是一个美国公民了。我只是想去墨西哥看看我舅舅，他在等我。"

"先生，我不得不请你先靠边站一站，我得为下一位客人服务。或许我的上司能够帮到你。"他淡淡地说。

我在等待他上司的答复，但是他的上司也帮不了我的忙。他们把我移交给了美国移民局的官员。这位官员表示，他们会派一辆豪华轿车来接我，然后把我送到附近的一家酒店，直到问题解决为止。

"司机，我们将去的是什么酒店啊？"我问道。

"达拉斯最好的酒店之一，先生，"他说，"阿道弗斯酒店。"

车子停在了一家很大的酒店门口，司机让我下车，我步入了酒店富丽堂皇的大堂。大堂内有晶莹剔透的水晶吊灯、红木镶板的墙壁、气派豪华的楼梯。这就是阿道弗斯酒店。它正在营业中，看上去真的是不同凡响。**我真的会习惯这里的**，我想。

酒店的世纪客房有音乐演出和其他一些娱乐服务。在客房前台，我问服务员这一周有谁的演出。"多丽丝·黛。"前台服务员说。从她的语气中我听得出来，黛小姐是一位著名人物。虽然我不知道她是谁，但是我决定在离开这家酒店之前去看一下她的演出。

我在酒店的房间里给安东尼奥舅舅打了个电话，向他说明了我遇到的问题。他说，他跟墨西哥几个权势较大的人相熟，但是不能确定这种个人关系是否能够影响到领事馆，不过他会尽他所能帮我解决问题。

我想，既然在此期间我不得不待在达拉斯，而且美国航空公司也愿意付钱让我住在阿道弗斯酒店，那我还不如好好利用这个机会亲身体验一下这座城市的生活。于是，我在打电话叫司机来接我之前翻看着黄页，找到了一个犹太社交俱乐部。我最后再在镜子前面整理了一下自己的白色西服，然后下楼坐进了汽车，就好像这车子是我自己的一样。

司机开车送我到了我告诉他的地址，门口的标牌上写着"哥伦比亚俱乐部"。我打开车门准备走进去。

"先生，"司机说，"我敢肯定，有会员证才能进入这个俱乐部。"

"别担心！"我说，然后车门关上了。

我身上穿着的这件GGG西服质量上乘，更妙的是，它还是白色的。大多数像我这般年龄的人都只拥有一件深蓝色或炭灰色的西服，当然，前提是如果有的话。身穿一件量身定制的白色西服是财富和名望的象征，它其实等于在说"这家伙是个有钱人"或者"这家伙是个重要的人物"。如果我表现出十足的自信，那么我一定能够蒙混过关的。

果然，门房匆匆看了我一眼，然后微笑着欢迎我。"我是这里的客人，"我边走边告诉他，"我得赶紧去见我的合伙人。"手工定制的西服，沉稳的风度，这就够了，它能够创造奇迹。

我去了主餐厅,在跟女服务员搭讪之前先点好了餐并签上了美国航空公司的名。她们想知道我是谁,我告诉她们我要去墨西哥出差。当她们问我做哪一行时,我只是简单地跟她们说,我所从事的是时尚行业。这给她们留下了非常深刻的印象。

我看到有一位年轻漂亮的女孩坐在窗户旁边。当我与她的视线对上时,她微微地笑了笑。我向她走了过去。我们大约愉快地交谈了一个小时左右,我问她是否愿意与我共进晚餐。我没有钱带她出去吃,但是酒店里有,阿道弗斯酒店是包吃包住的。"今天晚上,我想带你去一个特别的地方。你有没有在阿道弗斯酒店吃过晚餐?"我问她。

"没有,从来没有。"她说。

"那好,今天晚上我们就在那儿吃。"我尽量说得温文尔雅。

"太好了!"她兴奋地说。

我一直认为,我是一个标准的卡萨诺瓦式人物(意大利浪荡公子),如今我把它表现得更为明显些。"你喜欢音乐吗?"我问。

"是的,当然。"她说。

"那么,你今天晚上想跟我一起去看多丽丝·黛的演出吗?"我面带狡黠的笑容问道。

"多丽丝·黛,我爱她,真是太好了!"她脱口而出。

那天晚上,我们在阿道弗斯酒店吃着精美的食物,欣赏着多丽丝·黛的精彩表演。我曾经看过许多美国电影,知道这种浪漫销魂蚀骨,美国女人天生就十分迷恋这些。如果不出意外,我想这种感觉只有商业大亨或者好莱坞巨头才能享受到，因为只有他们这样的绅士才付得起阿道弗斯酒店昂贵的房费。

经过这样一个夜晚，我已经不着急要求政府官员和美国航空公司来解决我的墨西哥入境问题了。在接下来的四天时间里，我逛了整个哥伦比亚市，搭讪了不少女孩子，安心地约会。我有专门的司机把我送回酒店，我向别人炫耀我的阿道弗斯酒店的"家外之家"，享受着精美的晚餐，然后欣赏另一场多丽丝·黛的无与伦比的演出。

我大概在达拉斯呆了一个星期，然后美国航空公司**免费**让我飞回了纽约。以我的捷克斯洛伐克血统和非美国公民的身份，我是不能进入墨西哥的，但在我飞往达拉斯之前他们并没有告知我这一点，从而给我带来了不便，他们为此向我道歉。当然，这还不够。"我以后不打算再乘坐你们航空公司的飞机了。我要拿回我舅舅为我支付的机票钱，现在马上还钱给我！"我要求道。他们已经厌倦了应付我，所以勉强把现金还给了我。然后我去了火车站，询问售票员从达拉斯乘火车到纽约需要多少钱。从达拉斯到纽约至少要坐一天半的火车，票价是35美元。于是我买了一张火车票，打算坐下一班火车回到纽约。

火车上坐满了美国士兵，他们的制服使我想起了往事，我十分羡慕这些士兵。我一踏上这片领土就想加入美国军队，不过当我填好了表格后，他们却直接把我归类为不合格者，因为我的手曾经受过伤。我央求负责征兵的官员，还试图掩藏我手上曾经受过的伤，坚持辩称我的双手没问题（我后来不得不接受一个医治双手的手术），但是任我怎么央求都无济于事。

火车中途停靠在了密苏里州的圣路易斯市火车站，我们不得不下车等上一两个小时。我用眼睛扫视了一下拥挤而嘈杂的等候区，发现了一个空位，于是便坐了上去。几分钟之后，一个十分高大的白人男人走上前来，一把抓起我的领带，猛地把我拽离了座位，我迅速一拳挥了过去。这时，两名警察迅速跑到我们跟前把我们分开了。"他都快把我勒死了，警官！"我说。

"你打了他，我们看到你打他了。"其中一个警察大声喊道。

"他勒得我几乎要窒息了，碰到这种情况你会怎么做？我根本不认识这个人。该死的，他为什么要冲过来勒我的领带？"我问。

"先生，"那个警察说，"你坐在了有色人种区。"

"我做错了**什么**？"我问。

"有色人种区。你是白人，这些人都是黑人。"他说。

我向四周看了看，他是对的，我刚才坐的确实是在有色人种区。

"你不应该坐在这里！"这个警察解释道，"看到那些饮水机了吗？看看那些指示牌。"

这是我在美国第一次无意中碰到种族歧视问题，我弄不懂这种政策。在布痕瓦尔德集中营被解放之前，我从来没看到过一个黑人。后来曾经在另一个国家的某个地方，我看到过一个没有带枪的黑人士兵。有人告诉我，因为他的肤色，他不能携带武器。种族歧视就像愚昧和无知一样深深地震惊了我，但是当时那种情况发生在一个完全不一样的国家。我不知道，在美国，肤色这条鸿沟到底把人与人之间隔绝得有多远。

我刚到美国的这一年，恰好杰基·罗宾森打破了棒球场上种族歧视，也是美国混合种族球队在世界职业棒球大赛上的第一次亮相。之前，在公共场合，我还从来没有遇到过种族歧视问题，直到我来到圣路易斯。直至很多年以后我才知道，著名艺人约瑟芬·贝克（Josephine Baker）——一个土生土长的圣路易斯人——拒绝在她的家乡进行演出。一直到1952年，该州的种族隔离法律才被废止。

警察离开之后，我再次向四周看了看，并没有看到一个新的空位，于是我又重新坐回了黑人区。几分钟之后，火车即将出发，我也就离开了。

我上了火车，把行李箱放在了旁边的座位上。一个娇媚轻佻的金发女孩问我，我旁边的座位是否为他人所留。"不是，"我说，示意她坐在这个座位上，"你要去哪里呢？"

"波科诺斯。"她回答道。

我并不知道那是什么地方，不过她长得真漂亮。

"好极了，"我说，"我去纽约布鲁克林。"

我们一拍即合，不过一两个小时，我的双臂就已经环上了她，我们吻在了一起。

"你应该跟我到山上去玩！"她说。她活力四射，充满着青春少女的动感气息，十分可爱。

"哦，我……我不知道，我需要先了解一下……"

"请跟我去吧，快点决定吧，很好玩的，我发誓！"

"嗯……你看……实际上,我身上没有足够的钱,我被困在达拉斯好几天了……"

"别担心钱的问题,我有钱,我家很有钱,你什么都不用管,跟我来就行了。"她一边说一边亲吻着我的脸颊。

在下一个火车站,我给卡尔文打了个电话,请他帮忙汇点钱给我,但是他拒绝了,还问我为什么没有在墨西哥。当我告诉他我没有时间解释时,他非常恼火并挂断了电话,我只好又重新跳上火车。

"我不能让你为我付钱,"我对那个女孩说,"我想让我的室友给我汇钱,可是他拒绝了。"

"你为什么还在谈论钱的问题呢?你不记得我跟你说过你只要跟我去就是了吗?我已经决定了。"

于是,我去了波科诺斯。

我们在波科诺斯一个迷人的度假胜地度过了快乐而浪漫的两天。上流社会优越的生活深深地吸引了我,我从来没有想到过人们可以这样自由自在地生活,我也想挣足够多的钱让自己过上这样的生活,我想成为一个有钱人。

我身上的钱恰好够我坐火车到中央车站,然后乘地铁回到布鲁克林。回到家之后,我把新交的"女朋友"的一切情况都告诉了卡尔文。我们通了几封信,但是后来再也没有见过面。

至于海伦,我后来只见过她一次。有一天,我和卡尔文去看电影,我低头一看,赫然发现海伦就坐在我前排的一个位子上。我无法面对她,立即转身离开了。

到美国各地的旅行对我有很大的帮助,因为这些旅行使我进一步明白:我是谁,我想要什么。我学会了不退而求其次,无论是在个人问题上还是自己从事的职业上。我不会随随便便找个人结婚,一定要等到我的梦中女孩出现。同样,我也要找到我理想中的职业。我制定了一个长远目标。我并不想只为某家西服公司工作,我想拥有自己的西服公司。我渴望能够按照自己的方式行事,我渴望赚到足够多的钱,可以自由地坐飞机旅行,我渴望能够享受奢华的假期。

刚到美国的头两年,我就已经确信,我来到了一个具有无限可能的国家,她给了我梦想。平庸的生活提不起我的兴趣,我想要跑步前进,我想做到最好。

在我到达美国恰好五年的那一天,我成了一个真正的美国公民。我在那一天油然而生的爱国情感,成为一个真正的美国人的自豪感,至今不曾消减过,反而与日俱增。没有人会比我更爱美国。美国是世界上最好的国家,这已经是一个众所周知的事实了。如果有谁对此提出疑问,那只能说明他不曾到过我生活过的地方,他不曾经历过我所经历的事情。

我总是最大限度地利用 GGG 公司提供给我的每一次机会。到了 1956 年,我通过自己的努力,从一个主管晋升成了负责检查服装各个生产环节以确保质量合格的质量经理。这份工作的报酬为每周 110 美元,这样的收入水平,用来支撑一个家庭已经非常宽裕了,于是我想完成我那时最想完成的一件事：组建一个属于我自己的家。

4月，一位同事的妻子安排我与一个"动人的女孩"相亲。她比我小几个月，毕业于康尼岛的林肯高中，在富勒面料公司担任行政秘书。"我就知道这些，这是她的名字和电话号码，"我的同事说，然后递给了我一张纸条，"你给她打电话吧。当然，你也可以不打，由你自己决定。"我看了看她的名字："阿琳·伯根（Arlene Bergen）。"这看起来很像是一个犹太好女孩的名字。**她到底是怎样的一个人呢？**我想，**给她打个电话吧**，毕竟同事的妻子用了"动人"这个词来形容她。

我给阿琳打了个电话。我知道，肯定是我浓重的外地口音有点把她搞糊涂了。她似乎很不错，但说最快也得在两个星期后才能与我见面，即两个星期后的下一个星期三。我不知道这是不是她为了拒绝我而使用的一种委婉的说法，但我还是抓住了这个机会，与她敲定了日期。

见面之前，我把我的"水星"车子好好清洗了一遍，然后还将它分别刷上了米色和黑色，同时把我的GGG西服也熨烫了一遍。之后我才去她位于海门（Sea Gate）的家。她父母到门口来迎接我，招呼我进她家的会客厅，让我稍等一会，说阿琳马上就会出来。片刻之后，一个非常漂亮的、皮肤浅黑的娇小女孩走了出来，她有着一双迷人的蓝眼睛，带着甜美的笑容。这一刻，时间凝固了。

你肯定知道，在你的生命中，必定会出现这样一些时刻：你整个人生的重心，你生活中的许多东西，都在那一刻变得完全不同了。现在，我认为我生命中的这样一个时刻到来了。

我完全不知道当时还有另外三个男孩也在热烈地追求她，而且这三个男孩的名字全都是以"M"开头的。她向母亲介绍我时，也不曾使用我的名字，因为她怕弄错，怕把我说成是莫蒂或米尔顿或莫里斯。

如果我知道她是那么美丽动人，如果我知道我面临着那么激烈的竞争，我想我一定会策划一个更加浪漫的约会。然而，由于我事先什么都不知道，因此那一天我把阿琳带到了位于布鲁克林弗拉特布什大道和第五大道交叉口一家名为本·马克西克的城乡之家（Ben Maksik's Town and Country）的夜总会。这家夜总会被认为是这一带人们去得最多的消遣场所之一，在那里，你可以看到来自曼哈顿的形形色色的人。那天我和阿琳跳了一整夜的舞。

两天之后，我请求阿琳做我的女朋友，与我确定恋爱关系，但她拒绝了。"我从来不相信什么'女朋友'之类的说法，"她非常自信地说，"你要么知道自己想要什么，非常慎重地跟一个女孩结婚；要么你什么都不知道，不想跟她结婚。"

这是多么好的一个回答呀！我想，她是一个多么了不起的女孩啊！ 从那时起，我便知道阿琳就是那个适合我的女孩了。

几个月后，我准备去城里买订婚戒指。在看了几家珠宝店后，我又走进了另一家，结果赫然发现店主居然是在恩尼·派尔号上借给我10美元的那个人，这实在太令人难以置信了！不用再选了，就在这一家买吧！"你还记得我吗？"我微笑着问他。

"我……恐怕……我……"

"那艘轮船,恩尼·派尔号,扑克游戏。"我说。

"哦……对,对,对,现在我想起来了,是的,我记得你。"他笑着说。

"你当时借给了我10美元,我发誓过,一定要还给你,今天作为回报,我就在你这里给我未婚妻买订婚戒指。"我说。

我们一边挑选戒指,一边聊着来到美国后所发生的一切。他试图给我更多折扣,但我拒绝了他的好意,我只想要一个公道的价格。我很高兴看到他能够从我的这单生意中赚一些钱,"你把它看作是我支付给你的利息吧!"我笑着说。

最终,我和阿琳在1956年12月23日那天结婚了,当时GGG公司正好放圣诞假。威廉·高德曼先生是我们的证婚人,他对着哈拉(面包)做了祷告,然后把它切开。

婚后不久,我们在布鲁克林海洋大道附近的布莱顿海滩租下了一套小公寓。在婚后的第一周,我和阿琳把自己的薪水支票都带回了家,她是115美元,而我是110美元。第二天,我把这两张支票一起带到了GGG公司,找到了威廉·高德曼先生。"这是我妻子的支票,这是我的支票,"我说,然后把两张支票并排放到他面前,"要么他们给我妻子的太多了,要么您给我的太少了。"我说。

隔天,GGG公司就给了我双倍的工资。

我和阿琳准备马上要一个孩子。1957年春天,她怀上了我们的大儿子杰伊。在怀孕四个月之后她辞去了工作,在家里待产。在准备迎接新生儿到来的那段时间里,过往的记忆总是像洪水般地涌向我,我想起了我失去的兄弟姐妹和家人。我反复地想，如果我的父母知道他们的孩子无法生存下来，那会是一种什么样的感觉。我不知道如何把握我内心深处油然而生的将要成为一个父亲的感觉，我从来不曾跟阿琳或者其他任何人说起过我在奥斯维辛和布痕瓦尔德集中营所发生的一切对我的影响。我试图把这部分梦魇般的记忆永远深埋起来，然而，情感的惊涛骇浪却几乎把我击垮。

在那一年的赎罪日，我请阿琳坐下来。"这对我很重要，你知道你让我感到自己是多么的幸福，"我告诉她，我把我的手放在她高高隆起的肚子上，"自从我与我的父母以及弟弟妹妹们分开之后，这是这么多年来我与我的家人一起过的第一个节日，我无法用言语来表达我的快乐，我也无法用言语来表达我是多么爱你。"我们哭着互相拥抱在了一起。

然而，即使我沉浸在自己的幸福当中，我也无法摆脱大屠杀给我带来的阴影。"亲爱的，我必须问你一件事情，"在大儿子杰伊降生之前，阿琳有一天对我说，"关于你的睡眠。"

"怎么了？"我问。

"你一直都在做噩梦吗？"

"我很好！"

"亲爱的，你并不好，有时候你会说匈牙利语和意第绪语，都把我吵醒了。我不知道你在说什么，那时你的脸是扭曲的，你的拳头紧握着。"

"没什么，我很好。"

"我已经咨询过医生了。"

"你做了什么？你为什么要那么做？"

"我很担心。医生说不用管你,也不要吵醒你,因为无论你做了什么样的噩梦,你都会自己恢复过来的。"

"你看,我告诉过你了,我很好。"

"跟我说说吧,求你了,我爱你,我是你的妻子,我想帮助你。"

我沉默地坐着,试图鼓起勇气说出我内心的想法。"我爱你,"我说,"这就是为什么我不告诉你我做噩梦的原因,它太黑暗、太丑陋了。"

"但是我想知道,求你了,请你告诉我吧,我会理解你的。"

"你无法理解的,没有亲身经历过,根本无法理解。我从不希望会有人理解。"

"但是,在夜里,我听到你苦苦挣扎于噩梦之中,这太可怕了,我很想进入你的梦中阻止这一切,但是我不知道该怎么办。你在梦里到底看到了什么?"

是时候让她知道一切了,我深深地吸了一口气:"是的,我在做噩梦,梦见自己在一个树林里,我跑过树林,你和我们的宝贝也都跟我在一起。纳粹们正在追捕我们,他们全都荷枪实弹,他们跑进了树林、跳过岩石,他们一路追赶,惊吓中你和孩子都在哭,我试图让你们安静下来,否则纳粹会杀死我们的。最终,我做了我的父亲曾经对我做过的事情:我们分开了。这样,纳粹就会来追我,被杀的将是我,而不是你和孩子。"

我抬头看着阿琳,这时她的脸上已经淌满了泪水。她用手轻抚着我的头发,"亲爱的,我爱你,永远爱你!我很抱歉,非常抱歉!我以你为傲,你是世界上最了不起的男子汉,你也是一个了不起的丈夫,你还会成为一个了不起的父亲。"

"我会永远保护你和我们的家庭,永远!"我说着哭倒在她的怀里。

"我知道你会的,亲爱的,我知道!"

杰伊出生于 1958 年 2 月 5 日,我们的第二个儿子托德出生于 1960 年 4 月 23 日。这两个孩子出生的当日,当我第一次抱起他们时,我都哭了。我有了自己的儿子,我把他们紧紧地抱在怀里,我看着他们入睡,我实现了自己此生最大的梦想:拥有一个自己的家庭,一个值得我去珍爱和保护的家庭。

然而,建立自己的家庭是一回事,在男士时尚界经营自己的事业又是一回事。我在 GGG 公司工作的时间越长,就越意识到拥有一批名人客户的重要性。在那个时代,演艺界的大牌明星都穿 GGG 西服。一些经纪人和这个行业的高管们通常会直接把一些名人送到 GGG 公司的办公室来量体裁衣,而不是车间,所以我很少有机会与他们直接接触。我并不像莫里斯那样,是一个出面人物或者明星销售员。作为一名裁缝,我充当的是一个隐藏在幕后的角色,很少有机会与我们最重要的客户建立联系。然而,有一天,有一位明星为了试穿衣服直接来到了车间,是他为我打开了通往好莱坞精英圈的大门,他就是爱德华·伊斯雷尔·伊斯科维茨(Edward Israel Iskowitz)。

爱德华·伊斯雷尔·伊斯科维茨是全名,他更广为人知的是他的艺名——埃迪·坎特(Eddie Cantor)。他是美国最受欢迎的明星艺人之一。

早期，埃迪在歌舞杂耍表演中一举成名，然后又在此基础上充分利用自己的歌唱和喜剧天赋把事业扩展到了广播、电视和电影行业。埃迪几乎认识好莱坞所有的明星。他曾经在百老汇与传奇人物威尔·罗杰斯（Will Rogers）、吉米·杜兰特（Jimmy Durante）和 W. C. 菲尔兹（W. C. Fields）一起出演虚构的齐格菲歌舞剧（Ziegfeld Follies），为美国畸形儿童基金会（The March of Dimes）筹集资金。他还担任过美国演员公会（the Screen Actors Guild）的第二任主席。在他 35 岁时，就已经是一名百万富翁了。

尽管埃迪迅速成为了一名耀眼的明星，但是他却有着一个十分悲惨的童年。他的父母都是来自俄国的犹太移民。然而，在艾迪 1 岁时，他的母亲因难产而死，紧接着第二年，他的父亲死于肺炎。正如他在自己那本《我的生命在你手中》（*My Life Is in Your Hands*）一书里所写的那样："我一直觉得，我自己有一部分是他人的，而他人也有一部分是我的。我对父亲和母亲的模糊而短暂的印象已经在我的脑海里形成了一幅令我终生难忘的画面，虽然我从来没有机会去真正了解他们，我甚至没有跟他们说过一句话，因为在我牙牙学语之前他们就都已经去世了。"

埃迪后来在纽约长大成人，抚养他的是祖母以斯帖·坎特罗威茨（Esther Kantrowitz）。在上学填表时，他误把祖母的姓（Kantrowitz）当成了自己的姓，后来一位管理人员又把这个姓改成了坎特（Kanter），于是好莱坞明星埃迪·坎特就这样诞生了。

年轻时，埃迪和曼尼·高德曼是最早加入惊喜湖营地（Surprise Lake Camp）的成员之一。这是一个专为犹太男孩设立的非营利性营地，像埃迪这样贫困家庭的男孩可以免费加入这个营地，而像曼尼这样富有家庭的男孩则必须全额付款。然而，他们两人都表示，营地对他们的生活产生了巨大的影响，教给了他们许多不朽的人生哲理。在 20 世纪 20 年代，埃迪请曼尼担任埃迪·坎特营地委员会的财务主管，以支持惊喜湖营地和其他青年项目。正如埃迪在他的书中所讲的那样："曼尼和兄弟们经营着 GGG 服装公司，他是财务主管的最好人选，不管哪一次，当我们为营地筹措资金时，他总是从自己的口袋掏钱资助营地。"埃迪还补充说："他是那么忙，以至于完全抽不出时间来组建自己的家庭，然而，他是我们这个大家庭的一部分。"

埃迪并不是在开玩笑。1938 年，曼尼和埃迪一起参加了欧洲筹款之旅，为帮助战争期间的一些难民儿童离开德国而筹集资金。曼尼叫来了好几个时尚界的巨星，还安排埃迪和蒙塔古·伯顿先生见面细谈，蒙塔古·伯顿先生经营着全球最大的服装企业。事实证明，这次会面非常成功，他们获得了一笔巨额的慈善捐款。

还有一次，埃迪和曼尼遇到了一个名叫希尔达·萨默斯（Hilda Somers）的年仅 17 岁的钢琴家，她的手指被严重烧伤（纳粹德军进入奥地利之后，强迫她用强碱液冲洗街道）。希尔达被营救之后来到了美国，在布朗克斯与家人一起生活。曼尼和埃迪想办法让希尔达得到了一架斯坦威钢琴，还为她请了一位世界一流的教师。上了一个星期的课后，钢琴老师给埃迪打电话，说希尔达完全有能力去卡耐基音乐厅与纽约爱乐乐团一起演出。"我打电话给曼尼，并告诉他把希尔达送入卡耐基音乐厅需要花多少钱。"

坎特写道，"'那又怎样？我们来干就是了。'他说。最终，我们把希尔达送进了卡耐基音乐厅参加纽约爱乐乐团的演出。从那时开始，希尔达到全国各地参加了一系列演出，最终成了好莱坞露天剧场一颗耀眼的明星。她现在仍然在弹钢琴，并且幸福地结了婚。这是一个以'过上了幸福的生活'为结局的故事，而希尔达当初在奥地利时却是那样的悲惨。当你与曼尼·高德曼交上朋友后，你就经常会做这样的善事。"

埃迪的童年与我的童年有诸多相似之处，我们都是父母双亡的孤儿。他有一颗博大而慷慨的胸怀，热爱帮助他人并照亮他人的生活。在GGG公司的生产车间，埃迪·坎特来访是一件大事。高德曼兄弟让565名员工全部暂停手上的工作，让所有人都围在巨大的裁剪桌旁边。埃迪就这么跳上桌子进行了几分钟的歌舞表演，获得了大家热烈的掌声。

尽管埃迪声名卓著、家财万贯，但却从来不在他人跟前炫耀。他对自己的容貌很满意，从来没有觉得哪里有不协调的感觉。当他那双看上去有点像虫子的眼睛为他赢得了"班卓琴眼"的绰号后，他不但坦然地接受了，还把它变成了他的喜剧商标之一。

当曼尼和罗森伯格第一次把埃迪介绍给我时，我立即就感觉到我和他之间似乎有着某种天然的联系。他坚定地致力于以色列的建国大业，这一点从他名字的中间部分就可以清楚地看出来。他不停地问这问那，并带着极大的同情心聚精会神地听着我的回答。

埃迪也喜欢挑战极限。像《马金的狂欢》（Makin' Whoopee）和《他们越呆傻我便越爱他们》（The Dumber They Come, the Better I Like' Em）等

歌曲都引起过巨大的轰动，埃迪也因此被当时的黑人艺人所拥戴。20世纪50年代，有一次埃迪在电视上主持《高露洁喜剧时刻》（The Colgate Comedy Hour）这一节目时，埃迪拥抱了年轻的小萨米·戴维斯（Sammy Davis Jr.），并掏出自己口袋里的方巾替他擦掉额头上的汗。他对小萨米·戴维斯的友善和关照在美国全国广播公司（NBC）引发了一场关于是不是要取消演出的大讨论。不过坎特并不在意，事实上，就在这个事件之后，他还预订了小萨米两个多星期的演出。

多年之后，GGG公司在百老汇第五十一大街和第五十二大街交汇处开设了一家名为塞·马丁的高端私人品牌店——纽约男子服饰店，在那家店里，我亲自为小萨米量身定制衣服。小萨米似乎永远都在舞动，他那充满魅力的身影照亮了整个房间，唯一的问题是，这个男孩不肯花一点儿时间坐下来好好让我给他量体形尺寸。"如果你不停下来，那我只能把你按倒在地上给你量尺寸了。"我警告他。

小萨米说，他和我的信仰是一样的。他说，我们共同的朋友——埃迪·坎特——曾经给他介绍了犹太教，并且还给他送了一个门柱圣卷，这是一个装在盒子里的写着希伯来经文的小小卷轴，通常被钉在门柱上。然而，小萨米却把这个门柱圣卷当作一条会给他带来好运的项链挂在了自己的脖子上。有一次，他忘了戴这条项链，结果就遭遇了严重的车祸，头盖骨被撞得粉碎，左眼失明。此次车祸之后，他迅速皈依了犹太教。小萨米喜欢开玩笑地说，他是世界上第一个"波多黎各黑人独眼犹太艺人"。

埃迪帮助萨米找到了上帝，又帮助好莱坞找到了我。1960年年初，罗森伯格通知我，他将和我一起飞往洛杉矶参加为期一周的时尚男装大会。有机会参加这样的盛会，我觉得非常荣幸，而且我对这座城市向往已久，因此，对于即将到来的旅行我激动不已。

在我西海岸之旅的前几周，埃迪·坎特因为要试穿衣服，顺便走访了 GGG 公司，并在曼尼·高德曼的陪同下参观了整个生产车间。"埃迪，我相信你已经见过马丁·格林菲尔德了，他是 GGG 的质量负责人。"曼尼说。

"很高兴见到你，马丁。"埃迪握着我的手说。

"下个月这个时候，马丁会去好莱坞拜见你的那些明星朋友们。"曼尼打趣说。

"真的吗？"埃迪说，"你会去见谁呢？"

"哦，他是开玩笑的，先生，我们中有几个人会去洛杉矶参加时尚业大会。"我说。

"我明白了。不过，如果你乐意的话，我很愿意为你安排一次与我的好莱坞同行见面的晚宴。"埃迪说。我看着笑嘻嘻的曼尼，他总是喜欢让弱者享受到比他们应得的还要更大的"一片馅饼"。

"真的？哇，那真是太好了！"我说。

"我会让我的经纪人安排好一切的，"埃迪说，"你只要告诉他十二个左右你最想见的演员或者艺人的名字以及会议的空档时间就行了，我们会在会议休息的时候举办宴会。我是希尔克雷斯特乡村俱乐部（Hillcrest Country Club）的会员，你可以在那里见他们，一切我们都会安排妥的。

这样行吗？"

"嗯……好的。"我喃喃低语，迷迷糊糊的，简直不敢相信。埃迪脸上闪过他那招牌式的微笑。"坎特先生，我不知道怎么感谢你才好，阁下，我真的很感谢您给我这样的机会……"

"别这么说，这是我的荣幸！高德曼的朋友就是我的朋友。"埃迪说。

那天晚上，我回到家告诉阿琳白天所发生的一切，她简直不敢相信这是真的。"埃迪·坎特？"她问。

"是的，埃迪·坎特！"我说。

"就是那个电视上的埃迪·坎特吗？是同一个人吗？"

"是的，就是那个著名的埃迪·坎特！他说我可以见任何一个我最想见的明星，他的经纪人会在好莱坞安排好一切的。"不过尽管这么说，我还是感觉一切都令人难以置信，我们呆坐在我们小小的布鲁克林的公寓里说不出话来。

后来埃迪的经纪人给我打来了电话，说他已经开始着手安排具体的日程了。"埃迪还想为你安排其他几个会议，所以我要把这些事情都处理好。"他说，"我每天早上都会和你通一次电话，仔细过一遍每天的日程安排。埃迪也会每天都与你进行一次简短的通话，以确保一切都如你所愿。"毫无疑问，埃迪·坎特非常清楚，怎样才能让一个无名小辈感到自己像一个大人物。

"你想见的那十三位明星当中，有十二位已经确定将会参加在希尔克雷斯特乡村俱乐部举行的早午宴，"他说，"无法参加的那个人是艾迪·费舍尔（Eddie Fisher）。"其实我并不特别喜欢艾迪·费舍尔，这不仅仅因为他在上一年为了伊丽莎白·泰勒（Elizabeth Taylor）而抛弃了戴比·雷诺兹（Debbie Reynolds）。

罗森伯格和我一同都穿上了GGG公司最时尚、最高端的西服。埃迪的经纪人派了一辆豪华轿车来接我们，去参加这个传说中的在希尔克雷斯特乡村俱乐部举办的明星云集的早午宴。这是洛杉矶首个犹太人乡村俱乐部，一个颇受犹太名人青睐的场所。豪华轿车把我们送到了俱乐部门口，司机请我们下车。我的手心全都是汗，我太紧张了，于是冲进了希尔克雷斯特乡村俱乐部的男洗手间，紧紧地盯着镜中的自己。我不属于这里，我清楚地知道这一点，我只是一个纳粹集中营大屠杀的幸存者，而不是好莱坞明星，我只不过看上去有点像明星而已。不过，我的GGG西服比那天任何一位明星都显得更加相称和耀眼，我的盛装打扮弥补了我所欠缺的东西。

想到这里，我推开了男洗手间的门，大步流星地走向了明星云集的餐厅，开始尽情地享受我生命中最难忘的日子。平时只在银幕上能够看到的演艺明星们，如今握着我的手，与我友好地进行着交谈。

来参加早午宴的明星中有爱德华·G. 罗宾逊（Edward G. Robinson），他在《小恺撒》（*Little Caesar*）和《盖世枭雄》（*Key Largo*）中饰演的强盗角色已成了经典，因而他也成了好莱坞的当红影星。罗宾逊从影五十多年，参演了一百多部电影。他是一位犹太人，在传奇的好莱坞黄金时代，与包括贝蒂·戴维斯（Bette Davis）、汉弗莱·鲍嘉（Humphrey Bogart）和詹姆斯·卡格尼（James Cagney）在内的一众明星共同活跃在银幕上。美国电影协会（The American Film Institute）把他列为美国电影史上最伟大的二十五位男演员之一。

格伦·福特（Glenn Ford）也出席了早午宴，我非常尊敬他。在二战期间，他主动中断了演艺事业，志愿参加了美国海军陆战队。此后，他一直留在海军预备队中，直到20世纪70年代。在影片《吉尔达》（*Gilda*）中，他与丽塔·海华斯（Rita Hayworth）演对手戏。这是一个突破性的角色。之后，他与贝蒂·戴维斯（Bette Davis）联袂主演了《亡命之旅》（*Stolen Life*）。福特因在弗兰克·卡普拉（Frank Capra）导演的《锦囊妙计》（*Pocketful of Miracles*）中的出色表演而赢得了金球奖最佳男主角奖。后来，他先后在1980年和1984年罗纳德·里根竞选总统时发挥了重要作用。

我环顾整个宴会厅，这些好莱坞明星都在相互交谈着，只是不时地被他们手中精美的瓷器或银器与相触碰时所发出的清脆悦耳的声音所打断。美国究竟是怎样一个神奇的国度啊？它是如何让我这么一个纳粹集中营中的幸存者置身于这样一个宴会厅的？我无从得知，我只是尽我所能佯装以前曾经参加过类似的宴会。

"谁要打高尔夫吗？"其中一个明星喊道，"我们组一个队。有多少人要打高尔夫？"

罗宾逊轻轻地推了推我："你来打吗？"

"我？哦，不，我不会打高尔夫。"我羞怯地说。

"这没关系，"他说，"如果你喜欢的话，可以乘坐高尔夫球车去观战。"在这一天剩下的时间里，当好莱坞明星们在打高尔夫球时，我乘坐着希尔克雷斯特乡村俱乐部的高尔夫球车到处观看。

第二天早上，埃迪·坎特的经纪人准时给我打电话核对了这一天的行程安排，随后埃迪又亲自打电话确认。"昨天在俱乐部的早午宴怎么样？"埃迪问。

"这是一个千载难逢的日子，"我说，"非常感谢你让我有这样的机会参加这样的早午宴。"

"好，很高兴听到你这么说。听着，如果你还有其他的需要或其他想要的任何东西，请你一定让我知道，好吗？"

"好的，先生，我会的。再次谢谢你！"

"祝你在那里玩得开心！我想你会喜欢我们今天为你安排的一切的。"

埃迪的热情和慷慨着实让我吃惊，因为他刚刚在去年失去了心爱的女儿马乔里，这是他五个女儿中的一个，死于癌症。埃迪自己也有心脏方面的疾病，已经与病魔苦苦抗争多年了。实际上，埃迪那天是在医院里给我打的电话。

司机把我和罗森伯格送到了鲍勃·霍普和拉娜·特纳主演的电影《天国的男子汉》（*Bacbelor in Paradise*）的拍摄现场。埃迪的经纪人告诉我们，他会陪同我们到工作室去观看电影是怎么制作出来的。然而，他没有告诉我们的是，鲍勃·霍普为了邀请我们去片场参观，特地停止了整部电影的原定制作过程，还把我们介绍给了其他演职人员。埃迪曾直接给霍普打过电话，问他是否愿意给予我们额外的照顾。霍普是一个无与伦比的绅士，对于埃迪提出的要求并不生气，也不认为是一种负担，相反，他让我们感觉自己非常重要，理应获得特殊的待遇。这点似乎让他感到非常愉快。

当他向我们介绍绝色倾城又温柔可亲的拉娜·特纳时，我彻底被征服了。但是事情的意义并不仅仅局限在这里。一个如此卓越的成功人士，愿意把宝贵的时间毫不吝啬地花在像我这样一个对他毫无益处的人身上，我被他这种热忱深深地打动了。这种独特的美国式的无私精神让我更加热爱这个"收养"我的国家。我曾经遍游欧洲各国，我看到过、遇到过形形色色的人，但是美国人给我的感觉完全不同。我之前从来没有遇到过任何其他国家的人能够像美国人那样把个人的地位抬得如此之高，他们非常在意个人的权利。最重要的是，他们并不认为这是一件有多么了不起的大事，正如高德曼先生曾经告诉我的那样，"知恩图报是人生乐趣之所在。给予他人所带给我的比我给予他人的更加重要、更加可贵"。

我在手工定制男装行业工作了将近六十五年，为数百位好莱坞影星，数不清的名人、职业运动员和商业巨头，以及四位美国总统和许多政治家做过衣服，这是一个令人难以置信的职业生涯。然而，所有这一切全都始于埃迪·坎特为我安排的在希尔克雷斯特乡村俱乐部举办的好莱坞明星早午宴。

非常有意思的是，自2010年以来，马丁·格林菲尔德服装公司一直在为HBO公司的《大西洋帝国》(*Boardwalk Empire*)一剧中埃迪·坎特这个角色的扮演者斯蒂芬·德罗萨（Stephen DeRosa）定制西服。这部电视剧深受大众欢迎，获得了无数奖项，它的执行制片人马丁·斯科塞斯（Martin Scorsese）还专门派人到我们公司与我会面，讨论我们当年为埃迪·坎特本人定制西服时的真实场景。我和托德、杰伊一起陪同斯科塞斯一行人参观了我们的车间，还把他们带到了当年我们所用的那个裁剪室，给他们看了埃迪跳上去为我们跳舞和唱歌的那张桌子。然后我给他们看了当时我们为埃迪定制西服时使用的面料、裁剪的式样以及设计图案。

斯科塞斯随行的人员说，他们这部电视剧有几集是描述发生在禁酒令时期的一些罪案的，它将会涉及当时的一些"歹徒"形象。"你还记得你在GGG公司时，曾经为一些自作聪明的家伙或一些'歹徒'制作过衣服吗？"有剧组人员问我。

"你在开玩笑吗？当然做过。'歹徒'一直都是我们最好的客户，他们总是用现金支付货款。"我说。

"有没有一些特别的客户是你记忆特别深刻的呢？"他问。

"有啊，例如迈耶·兰斯基（Meyer Lansky）。"我说。

"是那个真正的迈耶·兰斯基吗？他是黑帮成员啊，好像还是《教父II》中'海曼·罗斯'这个角色的原型呢？"

"是的，他总是穿一件40码的短装。他非常警惕，时刻注意自己的安全，所以我从来没有直接见过他。我只是按他喜欢的式样帮他做衣服，做好后把衣服装船运到佛罗里达州迈阿密海滩的枫丹白露酒店。"

在我们车间参观时的所见所闻给斯科塞斯的团队留下了非常深刻的印象，为此他们向我们定制了《大西洋帝国》所有五季的服装——总共超过 600 套，全部按照当年为埃迪·坎特本人缝制衣服时的式样用手工制作。

2014 年，我参观了《大西洋帝国》的拍摄现场，那时他们正在纽约一家历史悠久的玩家俱乐部拍摄该电视剧最后一季的其中一集。我一位亲密的朋友史蒂夫·布西密（Steve Buscemi）在该剧中扮演主角伊诺克·"努基"·汤姆森（Enoch "Nucky" Thompson），当时正在拍摄其中的一个镜头。所有的剧中人物都穿着我们制作的那个时代的服装穿梭于搭好的布景之间，看着这一切，我的思绪不由得回到了从前。无论我们为多少部电影、电视剧提供服装，只要我们自己的作品在荧幕上熠熠生辉，我从来都是百看不厌的。这一季的布景和服装真是太完美了！

史蒂夫自从在昆汀·塔伦蒂诺（Quentin Tarantino）堪称经典的《落水狗》（Reservoir Dogs）一剧中扮演了突破性的角色平克先生（Mr. Pink）之后，就进入了职业生涯全盛期，我很开心见证了他的这整个过程。总有一种特殊的纽带联结着我们。我们都来自布鲁克林。史蒂夫的妻子乔经常会带着儿子到我的公司来，与我们一起度过美好的时光。一个知道如何爱护家庭的人总是让我尊敬。

史蒂夫还有一颗善良的心。他在演艺生涯开始之前曾经是一名消防队员，服务于纽约消防局泵车 55 号消防站。在 2001 年 9 月 11 日美国遭受恐怖袭击时，史蒂夫悄悄地脱去演出服暂停演出，驾车来到了他以前服务过的消防站，帮助队友清理废墟中的尸体。当记者给他打电话证实传言是否属实时，他拒绝回答。这就是史蒂夫！

在拍摄现场,史蒂夫结束拍摄后把我拉到了一边。他不像有些演员那样拍摄工作结束后,还会久久地沉浸于剧中的角色无法回归现实。对史蒂夫来说,结束了就是结束了。跟我谈话的是史蒂夫,而不是努基。

"我看起来怎么样,马丁?"他问。

我整整了他的衣领,上上下下打量了他一翻。

"很帅!"我说,"再适合不过了,看起来不错!"

"你知道吗?我唯一一次听到有人说我'帅'是我穿上你为我制作的衣服的时候。"他开玩笑说,他指的是他那招牌式的古怪样子,"说真的,这个角色百分之九十靠的是衣服。当我在练习时觉得对某一句台词或某一个场景没有很大把握时,我都会照照镜子,然后告诉我自己,你已经为我打造好努基的样子了,我只需要张张嘴说说台词就够了,衣服已经帮我打点好了一切。"

第9章　裁缝的裁缝

好莱坞促使我作进一步的思考，也使我有了更加远大的梦想。

混迹于名人当中的经历使我信心倍增。明星们也是人，而且许多都是心肠很好的人。此外，男装发布会证实，我正在成为一名重要的裁缝大师。我所遇到的业内专业人士都很能干，但是特别出众的却很少。我不服输的天性让我明白，我可以做得更好，甚至打败他们所有人。我的自我提升之旅也不失时机地证明了这一点。事实上，曼尼·高德曼先生已经为我设想了一个更加远大的前程，比我自己曾经梦想的还要远大得多。

"我们将前往伦敦，马蒂诺，"他说，"收拾好你的行李，带上阿琳。"

高德曼先生的旅行颇具个人风格，以舒适为主。他身上除了藏着一个银圆之外，从来都不带钱。当站在酒店大堂时，我问他为什么不带现金。

"我不需要带，你也不需要带，"他说，"我只签单，如果你要花钱，也不用支付现金。告诉他们，你是和高德曼先生一起来的就足够了。"

"我不用付钱给他们？"

"不用，你只要和我在一起，这就够了。"高德曼先生注意到了我的困惑，"我来告诉你这是怎么回事吧！举个例子，你现在去前台服务员那里，跟他说，你要1万英镑。"

"什么？我才不去跟他说呢，您去说！"

"不，我想让你去说！如果他不给，你就说高德曼先生是你的老板。"

这个实验让我觉得自己像个拦路抢劫的强盗或骗子。当我向服务员要钱时，毫无疑问我被拒绝了。然后，我按高德曼先生所指点的那样告诉他，高德曼先生是我的老板。

"你有支票或其他什么东西吗？"服务员问。

"没有，我的老板是高德曼先生。"

"对不起！在英国我们不做这样的业务。"他有点恼怒地说。

高德曼先生及时赶来解围："我是高德曼，有什么问题吗？"

"先生，我不能为您的同事提供1万英镑的现金。"

"为什么不能呢？你知道科莱特先生吗？那个著名的商人，你认识他吗？"

"当然知道，先生。"

"他是我的表弟，你给他打个电话。"

服务员向我们投来了怀疑的目光，并且神色有点担忧。不过在电话里与科莱特先生说了一会儿话之后，他的表情就变得极为尴尬和羞愧，后悔不已。

"高德曼先生，对于我所犯的过错，我感到非常抱歉……我……我……我为我对您的误解道歉，先生。"

"现在给马蒂诺他所需要的钱。"高德曼先生说。

"好的，先生，没问题，马上给。"

在那个星期，科莱特先生把他的劳斯莱斯借给了我们，还给我们配了一个司机。

高德曼先生知道外表的重要性，他是展现权力和派头的大师。我们全都西服革履。我们的业务就是与鉴赏力有关的，还要让人感知到我们的权威。如果你穿得派头十足，你就会变成重要人物。你的穿着打扮、仪表实际上就是你的声誉和财富的有力证明。如果你身穿高德曼先生制作的西服站在劳斯莱斯车边上，实际上就预示着你将来有可能挤进社会精英的行列，或者至少看起来像是一个社会精英。我们乘着劳斯莱斯转了一家又一家男子服饰用品店。高德曼先生把衣服一件一件地扔给我，我一件一件地量尺寸。他结束了视察，而我则学会了很多。

高德曼先生传授给我的经验从来都是十分宝贵的。当他发现我不会喝酒时，亲自劝告和指导我。"如果你想在这个行业中大展拳脚，马蒂诺，你必须学会喝苏格兰威士忌。"他说。他专门带我去一家酒吧教我怎么喝酒，以及怎么可以喝得更多。我讨厌喝酒，不过我喜欢他花时间来教我喝酒。

尽管高德曼先生手把手地教我各种知识技能，但我仍然怀疑我是否能够在西服制作行业成为一名"能够独当一面的人物"。高德曼先生看起来做什么事情都毫不费力、游刃有余，他讲英语时没有外国口音，而且受过良好的教育和正规的销售及演讲训练，但是我没有。于是我决定用我的卷尺说话，而不是用嘴巴说话。

尽管我对语言和教育水平总是感到不自信，但是我知道我在GGG公司的价值在于我是一位裁缝艺术大师。到了20世纪60年代后期,我常常深感沮丧,觉得怀才不遇。公司的财富上升得很快,但是我个人的收入却一直平平。高德曼先生曾经向我许诺,如果GGG公司的销售每年达到10万件,我就会赚得"盆满钵满"。有一次,在与他一起前往波士顿拜访外套制作商马尔科姆·肯尼斯(Malcolm Kenneth)之后,我们签署了一份协议,帮他们缝制了11万套轻质华达呢大衣。但是等了两个星期,我的工资依然什么都没有改变。

于是,我决定当面问他。"我们现在已经签了11万套服装的单子,但是我的口袋还是空空如也。"我用一种相当沮丧的口气说,"您曾经亲口承诺过,如果我们的销售能够达到每年10万件,您便会给我加工资、发奖金,难道您忘了吗?"我从他眼中看到了痛苦,这让我感觉我的话让他有些担心,也让他觉得尴尬了。接下来的那个星期一,他把我拉到了他的办公室里。

"马蒂诺,你是对的!"他说,"你是我最亲近的人,几乎像我自己的亲生儿子一样。我要让你明白,你对GGG公司的成功至关重要。从现在起,每一年,你都会获得一笔丰厚的年度奖金。还有,我现在就提升你为总经理,这也就意味着你将代表GGG公司出现在各种场合。所以,我会给你买一辆GGG牌照的全新的凯迪拉克。以后每隔三年,我们都会给你换一辆新的车子,颜色随你挑,就这样!"

1972年的某一天,高德曼先生心脏病发作,我惊慌失措地跑到医院。

我不能失去他!

护士让我坐在等候室。这时我看到旁边的一个座位上坐着一个人,他的样貌看上去非常像高德曼先生,他的衬衣口袋里非常醒目地插着三支粗粗的雪茄烟。"对不起!"我说,"你是高德曼先生的家人吗?"

"是的,但是我父亲并不想见到我。"他说。我尽量不让他感觉我从来没有听说过高德曼先生有一个儿子。"他不肯认我,"那个人说,他看上去心神俱碎,"但是,我想看看他,我真的想,可是他不想见我。"虽然我不知道故事的经过,我也不知道他们之间到底发生了什么,但是我的心还是因为这个刚见到的人而隐隐地受到了伤害。

我一直在等候室等着,直到他离开我才问护士,我是否可以进去看看高德曼先生。她陪着我进了病房。他很清醒,虽然刚刚才遭受了心脏病的折磨,不过看起来很好。在闲聊了几分钟之后我开始直奔主题。"高德曼先生,您骗了我,您说我是您最亲近的人,您想要一个我这样的儿子,但是刚才在等候室,我见到了一个人,他说他是您的儿子。您为什么要撒谎呢?"

"我没有撒谎,对我来说他已经死了。"

我后来才知道,他们父子两人之间的隔阂源于一场有关股票和金钱的争夺战。我不知道具体的细节,也没有必要知道。整个事情撕碎了我的心。美国的家庭如此轻易地抛弃骨肉亲情,我深感震惊。这是让我颇感失望的美国生活的一方面。在这里,没有一点迹象表明,能够与家人自由地生活在一起是一件多么幸运的事。任何家庭都可以任意地、随便地断绝父母和子女之间的关系，这让我深恶痛绝。这是对上帝和孤儿的傲慢自大的冒犯，辜负了上帝的恩典！

可悲的是，在接下来的几年时间里，高德曼先生家庭内部的关系更加紧张了。我也觉得摆在自己前面的问题十分严峻。有一个能力极强的服装业内人士与皮尔·卡丹（Pierre Cardin）和伊夫·圣·洛朗（Yves Saint Laurent）签订了合同，得到了贴牌生产服装的授权，他想拉我加入他的新公司。他说，如果我愿意加入他的公司，负责组建并管理一家新的工厂，他还会依照我提出的标准建这家工厂，并给我公司三分之一的股份。这个机会让我振奋不已，但是离开高德曼先生这个前提让我感到非常不开心，而且还让我有一种背叛的感觉。我几乎不敢告诉他这个消息，但是我不得不说。

"高德曼先生，当我还是个孩子的时候，我在集中营中便与父亲天人两隔了。您就像是我的父亲一样，我真的很难向您开口说这件事，但是现在有个机会摆在我面前，我可以去拓展自己的业务。我想离开公司自己出去打拼，但是我需要您的建议：如果您处在我这个年龄，站在我的立场上，您会怎么做。您对我的指引从来都没有错过，我完全信任您。"

"我不是你寻求建议的最佳人选，我只是一个老人，而你是我事业的全部！如果你不想待在我这儿，那么我就关闭工厂。如果你走了，继续经营GGG公司便没有意义了。"他的话如同一把匕首刺进了我的心脏，"马蒂诺，听我说，如果我给你我公司5%的股份，你终有一天会拥有自己所要的一切的。"

"先生，您真的很慷慨，但是我不能接受。而且，你的兄弟们都还年轻。我与您亲近，但与他们并不很亲近。"

"你说得很对！那么让我投资你吧，你要多少钱才肯留下来？"

"我不知道……或许 2.5 万美元吧？"

"那我们就这么办，我马上签支票给你。"

几个月后，高德曼先生告诉我，他需要和我私下聊聊。他让我在附近的一个公园跟他见面。当我到达那儿时，他已经坐在长椅上了。"我想这是我们两人之间的事情，"高德曼先生说，"我希望你能接管所有 GGG 公司的业务并管理公司"。

"那么，罗森伯格怎么办？"

"你是我的孩子，你会做得比他更加出色。你与工人们相处得也好，你比任何人都更了解我的生意。"他这个提议让我兴奋。他是对的，我可以做得更好。我想创新、想改变。"你一年将会赚到 6 万美元，而且你还能拥有汽车和其他一切。"

"谁来告诉罗森伯格我是新老板？"

"你。"

"我不能这样做，高德曼先生，您雇用了他，他是我的老板，我不能这样做。"

"好吧，如果你不能这样做，那么，我还是可以支付你同样的薪水。"

"如果您让罗森伯格离开，而我没有他那么会赚钱，那会怎么样？"

"如果不成功，马蒂诺，我会继续雇用他，不过我会慢慢开始把业务移交给你做的。"

1977年，恰好是我进入GGG公司开始勤杂工工作的第30个年头。那一年，我以10万美元买下了位于布鲁克林瓦伦特大街239号的GGG工厂，厂房设备都归我，但是GGG品牌则不属于我。我必须白手起家重新打造一个新品牌，一步一步建立起我想要的人脉关系和整个业务网络。我给公司起名为马丁·格林菲尔德服装公司。

公司初创时，我们一共只有6个人。我想要建立的是这样的公司：每一套西服我都亲自参与缝制，我想当一个塑造完美人体形态的裁缝师。最初，我预想业务量会比较少，大概一个星期一百套左右。但是没想到，我想从事小规模精品服装制作的愿望很快就流产了，电话一开始就响个不停。一个在费城的名为钻石（Diamonds）的男士服装店想让我们为他们手工制作西服。然后，内曼·马库斯（Neiman Marcus）也给我打来电话，他希望我能够帮他公司制作非公开时装展示会（trunk shows）所需的服装以及其他需要量身定制的客户的服装。这些服装全都会打上内曼·马库斯的小丑标签，但是都由我们来进行手工缝制。

我新发掘的创造力和新获得的管理上的自由度需要我建立一个更加智能化的系统，并且只做正确的事情。我拒绝让步，我们只使用最高质量的面料和最精致的缝制方法。我的西服以纯手工制作、硬衬胸全部用马尾衬布为一大特点。我们使用的是从意大利和英国进口的羊毛及羊绒，手工制作的牛角扣上还附了一个智能化的按钮。外套要进行无数次的熨烫，直到有一个完美的版型为止，扣眼也是手工缝制并具有功能性特点，衣领串口要做到完美无瑕，以确保它能够与衣领紧紧贴合。最重要的是，只要我活着，任何一件马丁·格林菲尔德的西服在任何时候都绝对不能用胶合衬布或黏合衬布。

一件西服外套由三层面料组成：里层、外层和内部的马尾衬布层。如果是一件手工制作的西服，马尾衬布处于里层和外层的中间，而且是活衬，那么这样便能够衬托出西服外套的神韵。廉价西服的中间层与衣服的胸前部分是胶合或黏合在一起的（但愿不是如此），其结果是西服一团糟，让人觉得恶心。当我走在人行道上时，看到有人穿着那种胶合或黏合的西服外套时，我便会走到马路对面去，因为我实在难以忍受，只好"眼不见为净"。这种衣服要么是皱巴巴的，要么是奇形怪状的，绝对是裁缝师暴殄天物的恶果。如果能够正确采用可活动的马尾衬布，这种情形就不会发生。我是绝对不会让这种事情发生的，我的西服一定是**完全贴合**人的身体的。

除了制定越来越高的标准之外，我还坚持要求公司员工必须让马丁·格林菲尔德服装公司的私人客户体验到个性化的服务。这是一个良好的商业理念，同时也是一个更好的裁缝理念。定制西服相对于成品西服的一大优势是，它能够纠正身体上的缺陷（或者说掩盖身体上某些不合常规的地方）。如果客户两只手臂粗细不均匀怎么办？我会通过修改袖子来纠正它。某个人的躯干特别长怎么办？我就会改变衣"深"（drop，胸围和腰围的比例关系。——译者注）和纽扣的位置。如果溜肩呢？我就重塑双肩，让它们变得对称。

我坚持认为，我们应该了解每一位客户的生活方式和职业习惯。例如，当为沃尔特·克朗凯特（Walter Cronkite）、科南·奥布莱恩（Conan O'Brien）和斯通·菲利普斯（Stone Phillips）制作衣服时，我们就不会使用与勒布朗·詹姆斯（LeBron James）、帕特里克·尤因（Patrick Ewing）和沙奎尔·奥尼尔（Shaquille O'Neal）等职业运动员相同的面料。在镁光灯下，最令人讨厌的就是同一款式、同一色泽；而体格强壮、肌肉发达的人最憎恨过紧的接缝线。我必须确保马丁·格林菲尔德服装公司的企业文化十分重视个性化的客户沟通。

尽管我对自己的剪裁技术和公司的制度有信心，但是对自己直接与客户打交通的销售能力却完全没有信心。这个技能是我从来没有学习过的，我也不知道自己到底能不能学会。1978年的某一天，我接到一个电话，这个电话是传奇人物斯坦利·马库斯（Stanley Marcus）打来的，他是内曼·马库斯百货公司的老板。他让我到达拉斯分店去见他，和他商讨燕尾服非公开时装展示会的事情。"请缝制好12套晚礼服，我想看看你最好的裁剪和样式。我想邀请你作为贵宾参加我们的非公开时装展示会。"他说。

其实我第一次见马库斯时对他印象并不好，当时很不喜欢他。我是在曼哈顿男士时装大会上第一次见到他的，当时我还在GGG公司。"当别人向你买东西时，你应该掏尽他口袋里的每一分钱。"他曾经这样告诉我。他说的这句话让我对他退避三舍。这让我想起逃亡期间我碰到的俄国人，他们可能会说这样的话。后来我又听到过马库斯先生的高谈阔论：

当你帮一个人制作衣服时，必须确保他的穿着能够打一百分。你应该把他穿着得体所需要的一切全都卖给他，包括围巾、帽子、手套、口袋方巾。总之，一切的一切。为什么？因为如果你忘了卖给他口袋方巾，他就得去其他商店。那个商店的营业员可能会问："您是要把它放在西服口袋里吗？"他会说："是的，我刚从内曼·马库斯百货商店买了一套西服。"这时，售货员会说："我可以卖给你一套跟他们质量同样好的西服，不过价钱却要便宜得多。"于是，你便失去了一位终生客户，这一切都是因为你太愚蠢了，没有把那一块小小的口袋方巾卖给他。

作为一名销售天才，马库斯很清楚他在说什么。他缔造了时尚界最成功的商店绝不是纯粹的偶然，正如他信奉的那样："我的要求非常简单，最好的就可以让我满意。"

现在，马库斯给我打来电话，让我帮他赶制本周五晚上举行的非公开时装展示会的服装。我备好了12套最时尚的晚礼服后便直飞达拉斯。马库斯派了一辆白色的加长型豪华轿车把我接到了他在市中心的门店里，店门口还立着一块欢迎我的巨大标牌，上面写着："欢迎，马丁·格林菲尔德。"他们还在门口为我准备好了冰镇香槟。隆重的欢迎仪式结束后，马库斯便叫我动作快一点，赶快换好衣服，在展示会开始前去找他。

接下来，马库斯说的话无异于在我身上投下了一枚重磅炸弹。"今天晚上我想稍微变一变，"他说，"我会把你介绍给大家，但是我希望你能站到舞台上自己向他们推销。"听到他的话,我的胃里一阵阵翻腾。

"马库斯先生,我不会说话,我是一个裁缝,你才是推销员。我只知道如何做衣服,但不知道如何卖衣服给他们。"

"不,我希望你站到舞台中央去,穿上你自己制作的晚礼服,把你精湛的技艺以及缝制西服外套的过程都演示给他们看。"

"马库斯先生,我不想让你难堪,我不认为这是一个好主意,我只是……"

"胡说八道,你做得很好,你只需谈谈你制作的衣服质量以及你所关注的每一件衣服的细节就可以了。你所要做的就是这些。你的作品本身就会替你说话,你只要把你做好的衣服展示给他们看就行了。"

我以为我会紧张到吐出来,把晚礼服搞得一塌糊涂。但是最终,我还是硬着头皮走到一大群富人面前,把西服外套的每一部分都展示给他们看,包括每一针、每一线。我谈到了衬里、接缝做工、面料等所有的一切。正当我喋喋不休地讲述每件外套的做工时,马库斯站起来打断了我的说话:"嗨,马丁,我还以为你真的不会说话呢,现在请先停一停。你已经说动了坐在我旁边的三个人,他们正准备让你替他们量尺寸呢。快点过来,好吗?"

人群中爆发出一阵阵笑声,我照做了。

那三个想买我晚礼服的人竟然是马库斯的兄弟、表兄弟和儿子。他们有可能真的想要我的西服,不过毫无疑问,马库斯是想让他们带个头,这样其他人就会跟着买。

第二天，马库斯带我飞到他在休斯敦的分店，让我与他的几个顶级客户进行一对一的交流。他们带来的第一个客户是携妻子一同前来的，她挑选了8套晚礼服。"上帝用7天时间创造了世界，"我说，"你为什么需要8套晚礼服呢？我会帮你做7套，我们等一下谈谈礼服的事情。"

在场的内曼·马库斯百货商店的人对此都很不高兴，但是我只想让客户知道，他们完全可以把他们的衣橱和穿衣风格很放心地交给我管理。一个人并不会因为他富有就愿意多付冤枉钱或者做一笔糟糕的交易，根据我的经验，事情正好相反：越是有钱的人对于花钱越谨慎，越不愿意成为冤大头。

内曼·马库斯带我完成了三个城市的巡回展示，最后一站是佛罗里达州。从那时起，马库斯便让我全权负责非公开时装展示会巡回展示所用的内曼·马库斯自有品牌的手工定制西服。我与内曼·马库斯百货公司之间的关系因为我与传奇式人物德瑞尔·奥斯本（Derrill Osborn）（绰号"医生"）的友谊而变得更为特殊。德瑞尔·奥斯本是内曼·马库斯公司男士定制服装部的副总裁。德瑞尔活泼的个性以及对手工产品品质的偏爱使他成为服装行业中的佼佼者，其他人都追随他的风格。因此，很自然地，我们为内曼·马库斯制作的西服引起了德瑞尔之前服务过的百货店——萨克斯第五大道精品百货店（Saks Fifth Avenue）——的注意，这家店也给我们打来电话，请我们帮忙制作它私有品牌的服装。接着，巴尼斯纽约精品店（Barneys New York）也给我们打来了电话。然后是布鲁克斯兄弟（Brooks Brothers），这家店想让我们帮它做金羊毛（Golden Fleece）品牌的时装系列。我并不介意在我们制作的西服和夹克里面是否镶嵌了我自己的品牌名称，我的签名本身就是手工缝制西服质量上佳的最好证明。这就是为什么所有美国最大的西服店都主动来叩响我们的门，并且一如既往地坚持这么做的原因。他们知道，在我从事这个行业近七十年以来，对于质量我从未有过哪怕是一丝一毫的马虎。我们永远都不会偷工减料！

我们的业务迅速扩张并取得了巨大的成功，我需要更多人的帮助，当然，前提是我得确保马丁·格林菲尔德服装公司能够成功地、健康地扩大规模。因此，我把两个儿子带进了这一行业。大儿子杰伊毕业于塔夫茨大学，他喜欢打网球，后来以优异的成绩毕业。在进入牙科学院学习后，他请了一段时间的假，然后就再也没有返校，而是选择与他穿着考究的父亲共同经营工厂，那是1981年。杰伊有很强的业务能力，具有坚强的意志和决心，立志要获得成功。他很快就成了我们这个行业中最博学的布匹专家，他对我们的制版和设计实现电脑化帮助极大。他的远见带领我们完成了许多必要的改变，帮助我们在这个不断发展的行业中获得成功。

我的二儿子托德是一个极具创造力的天才。我和杰伊花了好几年时间才成功说服他放弃作为一名布景师的职业生涯，加入我们的行业中来，那是1985年。得益于他那极强的分析能力，托德完美地解读了剪裁的艺术，并使剪裁更加科学化。他是我遇到的唯一一个不但能够复制而且还能理解和解释我的裁剪手法的人。

当其他公司在经济困难时期纷纷倒闭时，我却拥有了两个充满活力的、受过良好教育的得力助手，我再也不需要其他什么东西了。我很自豪能够与杰伊和托德组成父子三人组，创造了一个还算成功的品牌。把两个儿子带进公司是我所做过的最明智的商业决策之一，也是最有意义的决策之一。

有时候，在清晨或者结束一天工作之前，我的目光总会透过老旧的吱吱嘎嘎作响的车间木门，望向那一摞摞布料、一卷卷线轴。我会从儿子们看不到的地方把目光定格在他们身上。我盼望着这种时刻，它会让我想起，我曾经在纳粹集中营里的隔离室，用无助的目光在整个房间里徒劳地搜索着父亲。如今，我的孩子们永远不会重复我那种令人绝望的日子，他们一直都待在我身边，我看着他们成长。我体会到了自己作为父亲、丈夫和一个生意人的快乐，尽管现在生活忙忙碌碌，但是我每天都充满了喜悦。这是我的一切！

为这些著名的服装零售商生产服装成品只是我们业务迈出的一小步，而当一些顶级设计师开始请我们把设计草图变为成衣时，我知道我们又迈向了一个新的台阶。

设计师都是梦想家，而裁缝是生产者。我从来没有想到过自己要成为一名设计师，我只想做一个生产者。设计是我非常尊重的一项技能，但是我一直觉得缝制一件西服，把设计师的草图变为一件真正的西服，是一个对我而言更具有挑战性的工作。

与高级女装的设计相比，男士西服的设计会受到更大的限制。当然，男士西服的款式也在不断地演变中，不过没有女装变化程度那么大。但是从另一个角度来说，男士西服的要求比女装的要求可能更加苛刻一些，因为对于男士西服来说，哪怕是半厘米的变化，也会改变服装的舒适度。

夹在休闲服和尼赫鲁式夹克之间，与设计师共事有时候简直就是一场噩梦。无视身体规律的粗俗的设计纯粹是在浪费时间和面料。我非常赞同创新和实践，但是必须是提升而不是降低穿衣者的形象和风格。正如已故的、伟大的可可·香奈尔（Coco Chanel）所说的那样，"时尚会过去，但风格将永存"。我与风格同在！

幸运的是我拥有特权，可以与一些美国伟大的设计师共事。一旦设计师和裁缝相互配合并产生"化学反应"，其结果便具有神奇的魔力。

这就是我与传奇的唐娜·卡兰（Donna Karan）合作长达10年之久的原因。20世纪80~90年代，唐娜打破了女设计师在男装设计领域的空白。她曾多次获科蒂美国时装评论奖（Coty American Fashion Critics' Awards），她的女装设计还多次获得美国时装设计师协会（Council of Fashion Designers of America，简称，CFDA）的大奖，包括终身成就奖。1992年，她还作为男装设计师获得了美国时装设计师协会颁发给她的年度最佳奖，她设计的男士服装"库蒂尔系列服饰"获得了非常不错的销售业绩。这个系列以拥有她签名的绉布西服为一大特点。这清楚地表明，男士时装界不再是男设计师独霸天下了。

我与唐娜第一次相遇是在1989年的某一天。那天，我在公司接到她的电话，她说希望与我们合作。不一会儿，一个穿着阿玛尼西服的年轻人走了进来，他说，唐娜·卡兰的丈夫斯蒂芬·魏斯（Stephan Weiss）非常喜欢我身上穿的这套阿玛尼西服,她想知道我们是否愿意为她丈夫缝制一件一模一样的西服。

"我不想为唐娜·卡兰复制一件阿玛尼西服。"我告诉他,"我需要与卡兰太太通电话,请把她的电话给我。"他吃了一惊,但还是照我说的做了。"是卡兰太太吗?我是马丁·格林菲尔德。你好吗?"

"好啊!你呢?"

"我很好!听着,你为什么一定要你的丈夫穿阿玛尼风格的西服呢?如果他喜欢阿玛尼,让他去买阿玛尼就是了。为什么不给他穿唐娜·卡兰风格的西服呢?让我们两人一起来打造一个与众不同的品牌吧,它应该是你的风格、你的样子!"

她非常喜欢这个想法。于是我带着自己的设计师去跟她见面。"把你最好的设计图和最好的面料给我。"我说。唐娜对质地和面料的要求十分严格,她知道她喜欢什么、要什么样的效果。我非常欣赏和尊重她的执着和自信。

"马丁,我真的很喜欢羊毛绉布,"唐娜说,"蓝色或黑色的,但是必须是绉布。"

"很好,那么我们就从绉布开始吧!"

我们不断地画图样,不断地修改。在不知不觉中,我们敲定了一个设计图样。之后我们按照这个设计图样制作出了成衣,然后拿着它去唐娜的办公室仔细检查。在进行了一些修改之后(唐娜对细节的追求简直令人难以置信,即便是最细微之处也不放过),我们制作出了一件非常了不起的样品。"我现在跟你说,这款衣服肯定大卖。"我跟唐娜说。

"但愿如此!"她微笑着说。

唐娜让巴尼斯纽约精品店的弗雷迪·普雷斯曼(Freddy Pressman)独家代理"唐娜·卡兰库蒂尔系列男装"一年,结果产品完全供不应求。多年来,我们每年都为唐娜系列男装生产1万套西服。我们还一起参加非公开时装展示会的巡回演出。她绝对是一个女强人,我曾经看过她在波道夫·古德曼(Bergdorf Goodman)百货公司举行了一次非公开时装展示会,一天就赚进100万美元。

1992年,唐娜被提名为美国时装设计师协会的年度男装设计师奖,这个奖项相当于服装设计界的"奥斯卡金像奖"。在颁奖仪式前,唐娜·卡兰、乔治·阿玛尼和我在一起闲聊。乔治喜欢讲意大利语,不过为了让我们听得懂,他还是用英语讲话,他示意唐娜靠近他,听他说话。"你旁边的那个人做出了全世界最好的绉布男装。"他说,他故意讲得大声一些,以确保我能够听到他说的话,这让我感受到了他特有的亲切,"我希望我也能做出像马丁那样的服装。"

那天晚上,乔治把男装设计师年度大奖颁发给了唐娜,我很为她感到骄傲。我们这一行竞争是相当残酷的,但是她却从未退缩过。她努力工作,并且总是信心百倍。当唐娜走上舞台发表她的获奖感言时,她用目光搜寻到了我,然后对着我说:"我父亲在天堂把马丁·格林菲尔德送到了我身边,谢谢你,马丁!"

唐娜的话深深地触动了我的灵魂深处,这种感觉只有一个失去父亲的人才能够体会到。其实，唐娜的父亲加比·费斯科（Gabby Faske）也是纽约的一名裁缝，但是在唐娜 3 岁那年死于一场车祸。这种无法用言语来表达的情感只有失去父亲的人才能切身体会到。唐娜那天晚上站在舞台上向所有嘉宾说出的我与她之间的这种特有的情感联系，令我特别感动，她的祝福至今依然珍藏在我心中。

我有幸能与之合作的另一位屡获大奖的美国设计天才，是有史以来进入时尚名人堂的最年轻的设计师亚历山大·朱利安（Alexander Julian）。亚历山大早在 20 世纪 80 年代初就已经跟我们有接触了，他想把他的激情融入宽松的西服、面料设计和大胆的色彩中，他想把他对西服的设想转变为现实。1981 年，他推出了自己的 preppy 系列"亚历山大·朱利安的色彩"（Colours by Alexander Julian），这是首次由美国设计师自己来设计面料的系列时装。他的面料设计灵感来自莫奈，其成衣作品是那么的精致，以至于你可以把它装入框架悬挂于博物馆内。这正是史密森尼国家设计博物馆（the Smithsonian National Design Museum）把他的作品作为永久藏品的部分原因。

当我想起亚历山大时，除了想起他在颜色和面料上的大胆尝试外，还想到了一个词——"肩宽"。他促使了 20 世纪 80 年代男士西服的风格发生了变化，使得西服的肩部变得非常夸张。当他第一次让我做这种样衣时，他这种激进的改变简直让我反应不及。"我是这么想的，我需要你给 40 码的西服配上 46 码的肩宽。"亚历山大告诉我。

"你再说一遍？"我没反应过来。

"请你将40码的西服配上46码的肩宽。"当时我的表情肯定是非常迷惑的。"我知道这确实有些不一样，"他说，"而这正是为什么我想这样做的原因。"

"我明白，我会做出你想要的衣服的。"

我按他的要求把46码西服的肩宽缝在了40码的西服上。亚历山大设计的西服最大特点是肩部特别宽。当他设计的服装被人们接受了之后，他也愿意做出一些让步，不过肩还是比一般的衣服要宽。

"现在我已经缝制出了你想要的衣服，那么，接下来我们制作一些能给我们带来商业利益的服装怎么样？"我说。我看到了即将到来的潮流，于是想付诸行动。事实证明，亚历山大大胆的挑战初见成效了。他把肩部设计得非常宽这一革新，成了接下来10年他设计的男装的标志。

亚历山大的走红让很多人大吃一惊。在不到三十岁的时候，他就赢得了第一个科蒂奖，这个奖项被认为是时尚界最负盛名的荣誉之一。之后他又连着四次获得了这一奖项。在1983年科蒂奖的获奖感言中，亚历山大特别就我与他之间的合作关系表达了对我的敬意。"我希望你们能够见见我的设计方案的实现者，"他说，"马丁，请您站起来！"

我被他的话感动了，他把我说成是他的"设计方案的实现者"，而不是他的"裁缝"。这就是我认为自己是用面料来创造美丽的人的原因。

亚历山大充分利用了他强劲的势头，顺势推动和把控着美国时尚产业的方向。这期间，他还把业务从意大利转到了美国。他也是第一个为职业运动员设计服装的时装设计师。他为夏洛特黄蜂队设计了一款独特的由青色和紫色组成的菱形图案队服。亚历山大的设计在大黄蜂队更名之前的产品促销活动中,产生了2亿美元的惊人销售佳绩。那么,亚历山大从中得到了多少报酬呢?零,什么都没有。作为一个真正的"蓝"卡罗来纳州人,亚历山大志愿为他当时的老板乔治·希恩免费服务,不过,有一个附带条件,那就是希恩必须送5磅卡罗来纳州的烤肉——或者如亚历山大所称的"卡罗来纳州鱼子酱"——到康涅狄格州他居住的地方。

我也好几次亲身感受过亚历山大的慷慨。当他为传奇人物马里奥·安德雷蒂(Mario Andretti)设计比赛用服时,亚历山大邀请我和托德作为纽曼—哈斯车队的嘉宾到梅多兰兹(Meadowlands),让我们在比赛开始之前在那里为马里奥量衣服尺寸。与我们一起看比赛的还有赛车迷、好莱坞巨星保罗·纽曼(Paul Newman)。不久之后,保罗来到布鲁克林参观了我的工厂,并且量身定制了多套西服。保罗是一个完美的绅士,他会专门花些时间与我的工人亲切交谈。几十年来,我们在工厂里接待过无数个明星,但是作为一个名人,居然愿意花时间与一个缝纫工或者熨烫工进行交谈,这给我留下了非常深刻的印象。为有权有势的人缝制衣服的经历让我明白,最伟大的人总是对最渺小的人感兴趣。

这就是保罗!我们后来成了关系非常密切的朋友。每次他来找我时,总是非常随意,穿着那种老式的运动套装。但是后来我替他缝制了他定制的衣服之后,他也爱上了他的新衣服。有一次,他打电话给我,说他的电影事业遭受挫折,然后向我发泄一通,说要结束他的电影事业。"我要撕了我的西服,把它扔进炉火中,马丁,我准备不干了,再也不干了!"他说。

"你还会需要这些西服的,保罗,相信我!我知道你现在很沮丧,但是生活处处都在变化,你会重返影坛的,等着瞧吧!"

果然,在他创办的食品公司获得巨大成功之后,他又开始演戏了,并由于在《毁灭之路》(*Road to Perdition*)中的出色表演,于 2002 年被提名为奥斯卡金像奖。所以,每次我跟他说话时,他总是非常感谢我劝他别把衣服扔进炉火中。"那将成为有史以来最昂贵的炉火之一。"他打趣着说。

如果没有亚历山大的引见,我将永远不可能为保罗做衣服。伟大的友谊就像伟大的剪裁作品一样,缝得越结实就越耐穿。

我职业生涯中最大的乐趣之一是帮助和指导年轻的设计师。这是我在这一行业永远富有激情的原因之一。有人曾警告我不要这么做,以免某个无耻的设计师偷走我的商业机密。人生苦短,何必让礼物烂在自己手中而不馈赠出去呢?知识只有分享才能照亮设计历史的长河。基于这种信念,当卡尔文·克莱恩(Calvin Klein)、已故的派瑞·艾力斯(Perry Ellis)和艾萨克·米兹拉希(Isaac Mizrahi)这些新一代设计师登上时尚舞台时,我毫不犹豫地伸出了援助之手。

我认识卡尔文还是在他成为"卡尔文"之前。我始终相信他会成为一个伟大的设计师。但是卡尔文面临着许多年轻设计师都曾遇到过的早期资金短缺的瓶颈。他十分关注技术和裁剪,会把设计图样带给我,然后让我和同事们帮他制成样品。他会问许多问题,让我们解释给他听,为什么我们要这样接缝或开衩，以及我们是如何接缝和开衩的，等等。总之，他很好奇、很有创意，也很善于学习，这是任何一位有抱负的时装设计师都必须具备的三大最重要的品质。

当卡尔文资金紧缺的问题得到解决之后，他给我打了一个电话，提出与我建立合作伙伴关系。而这时我正与唐娜·卡兰合作，于是只好告诉他，我已经向唐娜·卡兰承诺，我将全力以赴参与她的"库蒂尔时装系列"，因此如果我同时再与他合作，我担心会影响产品质量。卡尔文是一个善解人意的绅士，他非常感谢我跟他实话实说，同时也完全理解我的意思。他后来能够获得巨大的成功，我一点都不感到惊讶。

我希望在我活着的时候还能够看到派瑞·艾力斯获得成功。我与他一起共事是在1982年，那时他让我帮他制作"派瑞·艾力斯签名时装系列"。他总是认真地聆听，从不固执己见，也从来没有因为自己的肤色而感到过不自在。派瑞·艾力斯的签名服装卖得很好，直到这位杰出的设计师健康状况恶化，无法参加签名服装的推广。派瑞·艾力斯是一个好人，他心地善良，拥有敏锐的洞察力，但却英年早逝，过早地离开了我们。

我还很乐意帮助另外一位年轻的设计师艾萨克·米兹拉希，他是一个非常优秀的犹太男孩，来自布鲁克林，这自然而然地让我想帮助他。他精力充沛，很有幽默感，有他在身边总是乐趣横生。他虽然以设计女装为主，但是在制作他的"米兹拉希纽约男装系列"时，我和他的联系非常密切。他还与塔吉特（Target）这样的大型零售商有一些商业联系。

时尚媒体经常问我，是否对如今顶尖的年轻设计师都转向男装设计这种趋势持乐观态度,我的答案是肯定的。现在,最杰出的设计师们全都开始大胆地回归到讲究成衣质量、华丽的面料和精益求精的手工缝制手艺的道路上来了,这是非常紧缺的资源。人们越是无法经常体验一些优越的东西,就越是渴望体验。人们每天都要花很多时间用于操作各种机器,比花在睡觉上的时间还要多。这个现实使得人们对服装产生了某种"贪婪"的需求,而这种需求只有通过人们的双手直接劳动才能得到满足。时尚新潮的男装设计公司的相关人员深知这一点,于是他们把新派设计的思想和理念都融进了传统的手工定制产品中。

有两个新的品牌已经完全破解了质量密码,它们分别是斯科特·斯顿伯格(Scott Sternberg)的"旁观者"("Outsiders"),以及马可斯·温莱特(Marcus Wainwright)和大卫·内维尔(David Neville)的"瑞格布恩"("Rag & Bone")。斯科特获得了2009年美国时装设计师协会年度男装设计师大奖,马可斯和大卫则摘得了2010年这一奖项的桂冠。

斯科特是2004年在洛杉矶创立"旁观者"品牌的。第二年的某一天,他专程来到布鲁克林见我们的打样师马里奥。斯科特十分清楚一些新锐设计师容易错过的东西,他也深知永恒的美国经典的力量,因此,他把新派学院风格融进了传统校园里男生穿的运动夹克和修身西服套装中,再搭配以窄翻领、自然肩、高袖口和手工缝制的装饰物等。他的摄影和电影从业背景为他练就了一双会欣赏含蓄之美的双眼,他是时尚的化身。

斯科特让我吃惊的另一面是他在许多时候所表现出来的既谦逊又自信的态度,例如,关于某个设计究竟应该用于何处,以及这个设计到底能在多大程度上获得顾客的认可，虽说他并非科班出身，但对此却从来没有技不如人的感觉。更让人敬佩的是，他从来没有试图对这一点加以掩饰，尤其当我说到串口、纽扣位置以及绲边等细节时，我很快就能觉察到他这一点。

在斯科特早期发给杰伊的一封邮件中，有他附上的一些西服草图。以下是他这封邮件的部分内容：

> 我希望你一切安好！这一次能够见到你、你哥哥、你爸爸以及马里奥等人，我确实很开心，很高兴能够与你们携手共创一番事业……附件是一些平面草图并附有注释……试穿无虞之后，定版的套装我想用原产地的面料（来自意大利的）制成，而两件运动夹克，请用我提到的复古毛料缝制……我不是一个专业设计师，因此如果你在平面（草图）上看到一些比较古怪的东西，不要以为是我想要传达一些非常细节化的东西。现在的总体思路是：瘦身！紧身！苗条！

斯科特毫不矫揉造作，他心中有明确的愿景，非常关注细节，坚持注重质量。一般而言，如果不是一个想终生从事这一行业的设计师，是不可能写出这样一封既充满自信又明确表示向他人求助的信的。在我看来，这个孩子肯定会在时尚界开拓出一片属于自己的天地。事实上，这个行业以及他的"旁观者"品牌的忠诚客户，都见证了他的成功。

在我们这个行业，许多公司只要有一点点微小的创新都会进行大肆宣扬，但是斯科特却偏好反其道而行之。他坚持我们必须在每一件衣服上都挂上一个吊牌，在上面说明这件衣服是由百年老公司——马丁·格林菲尔德服装公司——手工缝制的。这是一种经典且天才的品牌推广手段。

同样值得一提的是，创立"瑞格布恩"品牌的两个年轻的设计师——马可斯和大卫——是我非常喜欢与之共事的两个杰出的英国人。他们是在2006年年底与我取得联系的。2007年9月，他们邀请我和同事参加他们2008年的春季系列服装秀。接下来的事情大家都知道了。

没有多少人和事情能够比这些才华横溢的年轻设计师既严肃又充满激情地对待手工缝制更让我激动了，马可斯和大卫以及他们干的事业就是其中之一。他们非常热爱他们所从事的职业，这可以从他们做事的方式、忠于自己的英式设计、总是非常在意细节以及全力以赴的工作态度中看出。

他们除了经营为吉米·法伦（Jimmy Fallon）这样的客户量身定制的"瑞格布恩"品牌产品之外，还让我们为他们缝制适合他们自己穿的西服。这可以说是设计师对裁缝的最高评价了。这同样也是一件非常有意思的事情。几年后，马可斯和大卫让我们为他们缝制参加在纽约大都会艺术博物馆（the Metropolitan Museum of Art）举办的2009年时装学院庆典（Costume Institute Gala）的晚礼服，这个庆典活动通常被称为纽约大都会艺术博物馆慈善舞会（Met Ball）。他们非常喜爱手工缝制的晚礼服，以至于请求我们为女演员蕾克·贝尔（Lake Bell）也缝制一件适合她在庆典上穿的男式晚礼服。

马可斯和大卫还承诺，他们会一直在美国工作并制作成衣，会全力以赴地经营好自己创建的品牌。他们虽然是英国人，但是都与美国女孩结了婚，定居在了美国。他们努力管理着自己的团队，对员工也非常尊重。

当他们在 2010 年获得时尚界的最高荣誉——美国时装设计师协会 2010 年年度男装设计师大奖时，我和同事们为他们感到无比的高兴。我希望这两个"瑞格布恩"男孩能够继续获得成功。

设计者和制作者在一起能够跳出美妙无比的探戈，这完全依赖于他们双方之间微妙而复杂的合作关系，当然还要加上他们的奇思妙想及辛勤付出。几十年来，我非常有幸能够与这个行业中的许多佼佼者共舞，与他们一起精心设计时装风格，引领时尚潮流，使我们缝制的时装穿在了世界上最有魅力的、最具权势的人身上。

时尚就是一场永远不会散场的舞蹈！

第 10 章 为总统和政界人士穿衣打扮

"政治就是丑陋的人的娱乐表演。"事实真如这句谚语所说的那样吗？也许。

自进入 GGG 公司工作以来，我一直都非常努力地想证明，很多被称为"政客"的美国政治家们其实并不丑陋。这一点很重要。在政治上，观念能够成为现实，尤其是在今天，美国总统的每一个举动都会对全世界产生影响。

其实在过去的时候，大部分我为他们缝制过衣服的政界人士都明白，一个领导人穿着打扮的影响有时候甚至比他的政治观点还要大，因为它是美国的象征。

但是，在我那些来自政界的客户当中，最能够理解一件质量上乘的西服的影响力的那些人，往往是那些有军队服役经历的人，而没有这种经历的人则较难理解这一点。在捷克斯洛伐克军队短暂的服役期间，我便明白了这种力量的强大。士兵们每天都穿着制服，在军队中，保持清晰可辨的着装是非常重要的，他们明白，军衔的大小以及职位的高低都是通过他们所穿的制服体现出来的。事实上，男士时尚服装和军队制服之间存在着许多相通的地方，如水手式扣领短上衣、卡其裤、T恤衫这些老百姓日常穿的服装，最初都始于军队。

我的第一位政界客户是我的救星和英雄德怀特·艾森豪威尔将军。二战结束后，艾森豪威尔需要添置一些日常穿的西服，为此，他向朋友高德曼兄弟求助。1949年的某一天，高德曼先生把我拉到了一边。"我给你安排了一项特殊任务，"他说，"我需要你来监督艾森豪威尔校长的西服制作过程。"

"艾森豪威尔？"

"是的。"

"他解放了我！但是他不是总统啊（在英语中，总统和校长都是president，作者以为是总统。——译者注），他是一位将军！"

"不，他不是美国总统，他现在是哥伦比亚大学校长，需要一些西服。他是一个追求完美的人，我知道你是最适合完成此项任务的人。"

"那个人救了我的命，我保证我一定会给他做出GGG公司有史以来最好的西服！"

我简直不敢相信自己会有这么好的运气。我一直希望能够得到一个机会，用自己的技能为我所尊敬的人服务。在我的脑海里，艾森豪威尔将军是一个巨人，但是，根据测量卡上的记录，他只有5英尺10英寸高、172磅重，胸围是40英寸，腰围是36英寸，只穿41码的夹克。我负责监督西服的整个制作过程：我看着工人锁扣眼、缝口袋、缝领脚，每一道工序、每一个制作过程我都不会错过，以确保每一针、每一线的缝制都是完美无瑕的。对制作西服的每道工序我从来不曾像这次这样牢牢紧盯过。不能出现任何差错，正如高德曼先生所说的，一切的一切都必须是完美无瑕的。

曼尼·高德曼与艾森豪威尔关系非常密切，他很清楚将军想要什么样的西服。当再次见到曼尼时，我是一路小跑着过去的。

"嗯，他觉得怎么样？"我问。

"他非常喜欢这些西服，"曼尼说，"这些衣服真是太完美了！"

在我当裁缝的这些年里，我从来没有像这次这么感到骄傲和自豪。艾森豪威尔在哥伦比亚大学校长任期内穿的所有衣服都是 GGG 公司制作的。任何时候，只要他需要 GGG 公司的西服、裤子、马甲或者其他任何服装，工作人员就会直接把订单送到我这里来。在接下来的几年时间里，艾森豪威尔在政治舞台上步步高升，而我则一直跟随着他为他服务，包办了他所有的衣服。后来，在他踏进白宫成为美国总统的那一刻，我甚至觉得这也是我个人的荣耀。这一切似乎证明我并不孤单：我一直与这个令人仰慕的、帮助全世界赢得二战胜利的伟人在一起。

在他的总统任期内，我继续监督艾森豪威尔的衣服制作过程，他是我负责监制服装的第一位美国总统。不过，由于高德曼兄弟们与艾森豪威尔总统私交甚笃，因此每次面对面的交流都是在他们之间进行的，而如果我想跟总统进行直接交流，我就必须自己创造机会。1956~1957 年期间，苏伊士运河危机爆发了，我更加迫切地感到自己必须尽快为自己创造与总统直接交流的机会。

对于埃及旨在把苏伊士运河收归国有的政策，美国政府表现出了一种不温不火的态度，这让我感到相当沮丧。当英国、以色列和法国对埃及开战时，美国政府却对此袖手旁观，我一点也不喜欢美国的这种立场。我认为，美国需要给埃及总统贾迈勒·阿卜杜·纳赛尔（Gamal Abdel Nasser）一个清晰而强有力的信息，并且这个信息必须是各方面都不能忽视的。

我认为自己是个外交政策专家，我坚信艾森豪威尔总统——这位前盟军指挥官、美国历史上仅有的9位五星上将之一——迫切需要我提出的战略建议。于是我给他写了一个简短的匿名便条。我知道，如果我通过信件的方式把建议递交给他，他可能永远也看不到，因此我把写好的便条放在了我为他做好的夹克的外口袋里（我还在内口袋里多放了一张作为备份，以防万一有人发现外口袋中的便条把它扔掉）。"如果您想结束苏伊士运河危机，您应该给国务卿约翰·杜勒斯（John Dulles）放两个星期的假。"我这样写道。

几个星期之后，关于如何维持自由世界的秩序，我的心中又产生了另外一个绝妙的想法，我觉得总统也应该需要我的这个建议，因此我又把它写了下来并塞进了给总统准备的另一件上衣的口袋里。这种以非常规形式给总统递交建议的方式一直持续到高德曼兄弟到白宫拜访艾森豪威尔总统为止。当他们从白宫回来后，我问他们总统对这套新衣服有什么看法。

"总统非常喜欢这套西服。但是他说，有人不断给他写纸条并把它放在上衣口袋里。他说，甚至在我们给他做的一条高尔夫球裤里都放了纸条。你不会碰巧与这件事情有关吧，马蒂诺？"高德曼先生用充满怀疑的眼神看了看我并扬了扬眉毛。

艾森豪威尔总统也被我的这些纸条逗乐了。后来，他告诉记者说，有一个布鲁克林裁缝不停地在他的衣服口袋里塞外交政策建议。于是，这个故事很快就广为人知了。

今天，当我回忆起自己年轻时那种狂妄自大的行为时，都忍不住会笑出声来。不过，回首往事，想到艾森豪威尔贵为美国总统，居然会阅读并关注我那些无知而又天真的乐观主义想法，只会让我更进一步地深信，在美国，哪怕是一个微不足道的小人物，他的声音也有可能会被拥有最高权势的人所听到。在艾森豪威尔的早期军旅生涯中，他也曾经亲自处理过类似的由低等士兵提出的相当滑稽的建议。如果不能发挥任何别的作用，我希望我的便条至少能给他带去一点快乐。

军人们都知道正确着装的重要性，但是国会议员却很少有人知道。有一次我参加一个大型的国会集会，居然没有看到任何一个国会议员穿着合身的西服。

这也正是为什么杰拉尔德·福特（Gerrald Ford）在 1974 年成为美国总统之后不久，GGG 公司便迅速与白宫取得联系并提出愿意为总统量身定制西服的原因。福特是一名出色的运动员，他有着强壮的身体，为自己曾经在二战期间在海军服役而深感自豪。然而，在他担任国会议员期间，他的穿着却非常随便。在他出任美国总统之后，GGG 公司派人去白宫帮他量尺寸，而我则开始为他缝制衣服。

有一天，天已经很晚了，我还在工厂工作，这时两个身材魁梧、穿着制服、表情严肃的男人冲到了我身后，粗暴地把我护送到了一个空置的储藏室里。"你们要干什么？"我严肃地抗议道，"快放手！我已经从德国被解救出来了！你们是什么人？"

这时，其中一个人亮出了徽章："我们是特勤局的，先生。"

"但是你们这两个家伙的行为就像纳粹！"

"是的，我们为此向您道歉！但是我们要为总统先生完成一项重要的机密任务。"

其中一个人掏出了两块大大的不知用什么材料制成的矩形板。他用指关节敲了敲矩形板说："我们只能跟在总统身后，因此只能从后面而无法从前面保护总统，这些是专门设计的防弹板。我们需要您用这两块防弹板制作出两件适合总统穿的特殊背心：其中一件背心必须是能够快速脱掉的，您得缝制一个口袋，使它不仅能够装下而且还能把这两块防弹板隐藏起来；另外一件跟这件相比只是没有防弹板。两件背心必须是一模一样的，没有人能够看出其中的差异。"

"这是什么材料？"我问。

"我们不能说，我们也不能把这些材料留在您这里，所以我们需要赶紧量好尺寸，就现在。"这两块板的大小和厚度都相同。

"您需要多久才能制作出这两件背心？"他们问。

"我不知道……几天吧，也许？"

"没关系,感谢您抽出时间来完成这项任务!"其中一个人说。

我在防弹背心上装了魔术尼龙搭扣,这样福特总统就可以非常快速地把它脱掉,然后穿上普通的衣服。在把背心穿到人体模型身上之前,我裁了两块与防弹板一样大小的硬纸板,并把它们放进了隐藏的口袋里。背心能够紧紧地贴着胸部。

后来福特总统经历了两次暗杀,但全都幸免于难。1975年的9月5日,邪教首领查尔斯·曼森(Charles Manson)的一个狂热追随者丽奈特·弗洛姆(Lynette Fromme,外号"嘎吱姑娘")试图枪杀福特总统,不过她刚瞄准好就被阻止了。17天之后,一个名为萨拉·简(Sara Jane)的圣弗朗西斯科激进分子从街对面向福特总统开了一枪,不过差几英尺没射中。如果这两个女人的子弹全都射中了目标,那么其结果就是致命的。那两次福特总统都没有穿上我为他精心制作的防弹背心。

当克林顿总统和夫人入住白宫后,第一夫人的穿着打扮就交给了唐娜·卡兰负责。不久之后,克林顿夫人请唐娜·卡兰帮总统设计服装。这里特别需要指出的是,总统这一次将身穿燕尾服与华盛顿新闻界的精英一起参加即将举行的烤架俱乐部年度聚餐会。唐娜联系了杰伊,于是我们开始投入工作。

克林顿总统非常喜欢我们缝制的宽松、舒适、柔软且垂性极好的绉布西服。唐娜告诉总统,她需要和我一起去白宫为他全面地量一次尺寸,以便为他打造一个合适他的衣柜。本来的计划是,我与总统和第一夫人一起共进一次私人早餐，但是由于克林顿夫人的父亲突然中风，她不得不取消了共进早餐的约定。

这样我们便直接去帮总统量体裁衣了。我们到的时候，总统的助手迎上前来，把我们带到了总统和夫人的卧室。"请稍候，总统很快就会到。"他临走前跟我说，他是总统的私人贴身侍卫兼服装师，负责克林顿总统每天出行时的着装。我环视了一下精美的卧室，当场就被它吸引住了。我还注意到书架上放着一些书，于是走向前去看了一下。

我简直不敢相信，当我的手指快速地划过书脊时，我不禁想，**我真的站在了美国总统的私人卧室里啦！**

我曾经听人说过，当你第一次去参观白宫时，它所承载的厚重的历史本身就会给你留下深刻的印象。而我比大多数人更能真切地感受到这一点，因为在白宫内作出的决策曾经拯救了包括我在内的无数人的性命。

然而，我还有工作要做。既然我的目标是打造一个适合总统的衣柜，那么我就需要先搞清楚总统现在的衣柜里有些什么衣服，于是，我做了看起来似乎是合乎逻辑的唯一的一件事情：我走近他的衣柜并打开了柜门。我简直不敢相信自己的眼睛，衣柜里面的衣物包括：两件短皮夹克；很多运动服，它远远超出了一个男人通常所需要的数量；一件破破烂烂的旧大衣（这件旧大衣实在是太难看了，以至于我很想当场就把它扔得远远的）；两件均码的并非定制的西服。"这些**真的**是总统的所有衣服吗？"我难以置信地对总统的服装师惊叫道。

"是的，先生。"他说。

我知道克林顿进驻白宫前收入并不高，但是这个衣柜也实在太寒碜了一点，它一定是美国历史上最可怜的总统衣柜之一了。现在，我知道我要做什么了。我关上总统的衣柜等着他的到来。当他进入房间时，我感到自己脸红心跳、紧张不安。"嘿，马丁，对不起，让你久等了！新闻发布会刚刚结束。"克林顿总统用他那甜润的阿肯色州口音说道。

"没关系，没关系。"我边跟他握手边说。

"大家都极力推荐你，唐娜说你是最好的。"

我太紧张了，心里又慌张，以至于对他说的这句话没有做出任何回应。"当总统的感觉如何？"我脱口而出的居然是另一个问题，他笑了。"对不起！"我说，"这是一个愚蠢的问题吧？我以前也为总统缝制过衣服，不过见到您我还是太激动了。"他发出了一阵笑声。我不停地东拉西扯："我知道我永远不可能成为一位总统，因为我并没有出生在美国。"我简直不敢相信这么愚蠢的话会从我嘴里冒出来。

还是克林顿总统救了我的场。"我不认为这是一个愚蠢的问题，我认为这是一个很好的问题。"他亲切地说，"这是一个巨大的荣耀。我相信我自己已经掌握了当总统的诀窍。"

我们闲聊了一会儿之后便把话题转向了着装。"我马上给你看我穿的衣服。"他一边说一边走向了衣柜。我强忍着，努力不让自己脸上露出不自然的表情。"你觉得怎么样？"他问道。我费了九牛二虎之力才没有让自己笑出声来，毕竟人家是美国总统啊！

"总统先生，我想说的是，是时候让我们为您打造一个真正的总统衣柜了。"我说,"我知道您喜欢穿舒适一点的衣服,但是请别再这样做了,您可是总统啊!我们现在必须全力为您打造一个符合您身份和体形的衣柜了。您不用担心,我会替您打点好一切的。"

"听起来这是一个不错的主意!"

"我等一下会给您看唐娜·卡兰设计的舒适的总统服的。现在,让我们先来谈谈晚礼服吧!您为什么不喜欢燕尾服呢?"

"嗯,并不是说我不喜欢它,而是因为我从来没有穿过它,我不知道该怎么穿。"

"那么,到目前为止,您从来不曾拥有过一件正式的晚礼服吗?即便是在您当阿肯色州州长的时候也没有?"

"没有!"

"知道了。那么,让我教您怎么穿燕尾服、怎么系领结吧!"

我花了半小时给总统量尺寸,共获得了 27 个精确的测量数据,这是我精心缝制一件真正的定制西服所需要的。"我不知道做一件西服需要量这么多的尺寸。"他说。

"它不是您通常穿的那种衣服。当您把我做的衣服穿在身上时,您整个人看上去就会完全不一样的,您会体会到完全不同的感觉。"

"马丁,有人跟我说,你曾经为艾森豪威尔总统做过衣服,是吗?"

"是的,总统先生。是他把我从布痕瓦尔德集中营解放了出来,然后我就帮他做衣服了。"

"哇,真了不起!那么,你在他的衣服口袋里放的那些便条上都写了些什么呢？"

"那个时候，我对我国处理苏伊士运河危机的政策不是很满意，于是我每给他缝制一件衣服，就写几张小纸条放进他的衣服口袋里。"克林顿总统笑了。"总统先生，我想问您件事，您注意过电视上的那些评论员的着装吗？"

"当然注意过。"

"在电视荧屏上，什么都一览无余，您穿的外套、您的领结，包括所有的一切，都会展现在观众面前。在我们这个行业，目前没有任何一个人的手艺比我好。但是，如果您的穿着不合适，那会有损我的声誉。"

"我不会让你失望的！"他笑着说。

"我等一下会示范给您看，应该如何调整背心、裤子应该系到哪个高度，以及怎么调整吊带以匹配您裤子的高度，等等，所有的一切！"

当我帮总统量完尺寸之后，在剩下的时间里，我认真地教总统如何穿礼服和打领结，这是为即将举办的烤架俱乐部年度聚餐会准备的。当我收拾好东西准备离开时，总统提议我们一起合个影。"我可以在照片上签名，然后送给你。"他说。

"这个主意听起来不错，总统先生。但是，我乘坐的火车马上要开了，我想今天回去就马上开始着手做您的衣服。"

"拍个照不会花很长时间的，只需要一会儿就好了。"他说，环顾四周，"不过我们似乎没有白宫摄影师。"这时，一个"小孩"走进了房间。

"我带了相机，总统先生。"我说着便拿起了相机，"我们可以请这个

'小孩'帮我们拍张照。"克林顿总统大声笑了起来,这个"小孩"也笑了。我不知道这有什么好笑的。

我们紧挨在一起,"男孩"飞快地摁下了快门,然后把相机递给了我。

"谢谢你帮我们拍照片。"我说。

"我很荣幸,格林菲尔德先生。"那个"小孩"说,"很高兴见到您!我是乔治,全名乔治·斯特凡诺普洛斯(George Stephanopoulos)。"几个月之后我才知道,这个名叫斯特凡诺普洛斯的家伙是总统的一位高级顾问。但我怎么可能知道这些呢?他看上去真的像是一个小孩子。我以为他是白宫里的男侍或者仆役什么的。

"谢谢您,总统先生,谢谢您让我来到这儿!"我一边说着一边热泪盈眶。我们最后握了手,然后我走向大门。

"马丁……嘿,听着,如果你有什么想要跟我说的,不需要在我的口袋里塞纸条,我把我的传真号给你。"他笑着说。后来,我真的不止一次使用了这个传真号,不过不是给总统提政策建议,而是告诉他如何打领结。

我一回到工厂,整个团队便开始投入了紧张的工作。克林顿总统很结实,穿44码的衣服。在之后的两周,我们按照唐娜·卡兰的设计图样缝制出了四件漂亮的低扣无孔夹克、两条双褶裤以及两件传统晚礼服。我还为克林顿总统做了一套白色领结有尾燕尾服,这是他参加烤架俱乐部聚餐会时要穿的。在克林顿总统的任期内,我们总共为他做了二十套衣服,他简直难以置信。上述提及的衣服是他整个总统任期内向我们下的许多订单中的第一批,非常合身,同时也具有很好的伸展性以及他最喜爱的舒适性，这些特性只有真正的手工定制西服才具备。

我与总统乔治·W. 布什（George W.Bush）的量体裁衣见面时间被一个突发的历史事件打断了。

2001年9月11日，我前往华盛顿，住在五月花酒店，为参加布鲁克斯兄弟公司的非公开时装展示会做准备。那天，布什总统将从佛罗里达州返回华盛顿，我被安排与总统见面并帮他量尺寸。

那天，当五角大楼遭受恐怖袭击的消息传出时，人们像潮水般地涌向街道，许多人打算逃离首都。我也迅速地与阿琳和孩子们取得了联系，得悉他们全都安然无恙才放心。不过，接着我马上就意识到，我那天根本没有办法离开华盛顿了，于是决定继续参加非公开时装展示会。第二天早上，我来到布鲁克斯兄弟公司。我以为没有顾客会来，然而他们却都来了，一个接一个。人们对待恐惧和悲伤的方式各不相同，我想他们是想用这种方式分散自己的注意力，或者只是想表明，恐怖分子无法威胁到他们，他们也不会因此而改变自己的生活方式。那天我为每一位客户都量了尺寸，之前我从来没有因为自己是美国人而感到那么骄傲。

在接下来的时间里，我一直都在想办法尽快回家。最后，是我的好朋友科林·鲍威尔将军帮我解决了这个问题，他给了我一张去纽约的头等座火车票。当火车驶进纽约中央车站时，我看到几天前还巍然耸立的世贸双子塔如今已毁于一旦，我的泪水夺眶而出，心跳加快。世贸中心的北塔曾经是世界之窗餐馆的所在地，这家餐馆的许多员工我都认识，我甚至早就开始把他们当作朋友看待了。我这一生曾经经历过多次生离死别，然而我像许多美国人一样，从来不相信什么邪恶势力会疯狂到把我们的家园变为战场，让民用飞机成为导弹。我们的国家失去了那么多鲜活的生命，我为此感到悲痛万分。我对这种感觉太熟悉了，我多么希望我的美国同胞永远不会再经历这种伤痛。

最初的时候，白宫既没有确认也没有否认奥巴马总统的服装是由马丁·格林菲尔德服装公司制作的。我们一贯的宗旨是，从来不会披露任何一个穿过我们缝制的衣服的名人或公众人物的信息，除非他本人或他的发言人公开提及此事。但是，当原《华盛顿邮报》（Washington Post）时尚编辑斯内德·马特尔（Ned Martel）写了一篇关于我的生动的个人简介，并在简介中报道了托德、杰伊和我的白宫访问日志时，我们与白宫的关系便为公众所知了。

到目前为止，我们已经为奥巴马总统定制了许多衣服。事实上，自从2011年2月之后，他穿的几乎每一套衣服都是我们做的。对我们来说，这是令人难以置信的荣耀和威望。奥巴马总统的助手说，总统非常喜欢我们缝制的衣服，如果不穿上它们，他甚至不愿意出门。

这一切全都始于2010年10月杰伊收到的一封来自传奇的芝加哥时装零售商伊克拉姆精品店的老板伊克拉姆·高德曼的电子邮件。伊克拉姆是第一夫人米歇尔·奥巴马的时尚顾问，第一夫人曾经要求他推荐一位美国的裁缝，一位能够为奥巴马总统缝制上好衣服的裁缝，于是他向她推荐了我们。

不过，有一个前提条件。白宫的工作人员说，奥巴马总统不喜欢量尺寸，因此他们会把奥巴马总统平时穿的衣服送到我这里，让我们照着做就是了。我告诉杰伊，要是这样我们就不做。"你给白宫的助手写信，告诉他，马丁·格林菲尔德不会复制任何人的衣服，从来只有别人来复制马丁·格林菲尔德的衣服，你明白了吗？"杰伊非常善于外交辞令，他巧妙地把我的意思转达给了总统的助手。杰伊的信奏效了，之后我们收到了一张便笺，白宫很乐意请我在2010年11月2日那天为奥巴马总统量尺寸，做他的第一套马丁·格林菲尔德西服。

虽然我已经去过很多次白宫了，但是我仍然觉得自己像是第一次去白宫，每次去都充满惊奇。每一次拜访白宫，都会让我想起自己年轻时与卡尔文第一次去华盛顿特区旅行的情景。那时候，我只能从外面看白宫，现在我却进入白宫里面为总统量尺寸做衣服。但是这只能令我更加谦卑。

我第一次见奥巴马总统是在白宫三楼他的办公室，那时是晚上七点钟。他的身高和微笑深深地打动了我。他简直是一个标准的模特，体长40英寸，腰围则是骄人的33.5英寸，这种身材让我觉得为他量体裁衣简直是一种享受。

总统给我看了一件上好的意大利制作的西服外套。"摸摸这件衣服，它很柔软的，手感非常好。我想请你用类似这样的面料为我做衣服。"他说。

"总统先生，没问题。事实上，我们会做得更好，比这件还要好。"他很喜欢我这样的回答。

奥巴马总统也拥有几件哈特·马克斯公司制作的西服，这是一家美国的公司。在2012年的总统竞选中，记者们对总统的西服与州长米特·罗姆尼（Mitt Romney）的希基·弗里曼（Hickey Freeman）西服进行了比较，结论是奥巴马总统的西服看起来更好。他们没有提到的是，他们用来作比较的这套西服是我们做的，而不是哈特·马克斯公司制作的。

我想把奥巴马总统的西服做得特别一点，因此，我们发明了一种特殊的红、白、蓝手工缝针法，我们在缝制夹克的衬里时采用了这种针法。

在我们把奥巴马总统的第一批西服交付三个月之后，他的其中一个助手与我们取得了联系，他说"老板"非常喜爱这些西服，他想让我们再去一趟白宫，帮他做一批西服。总统"在各种重要场合都穿着你们缝制的西服"，他的助手告诉我们，包括去白金汉宫访问。

2012年3月，白宫的相关人员说，总统"马上"需要另外四套西服。不管什么颜色奥巴马总统穿起来都好看，但是他偏爱炭灰色和深蓝色，因此我们赶紧每种颜色各制作了两套，提前送到了白宫去试穿。

当杰伊和我们的裁缝主管约瑟夫·杰纽尔迪（Joseph Genuardi）在2014年2月代表我们公司第六次前往白宫拜访奥巴马总统夫妇时，他们发现总统的两个女儿玛丽亚（Malia）和萨莎（Sasha）对总统着装的影响很大。"我的两个女儿取笑我的西服裤子，"总统说，"她们说我西裤的裤褶让我看起来既显老又不酷。"

"那么，何不让我们为您的每一件西服再配上一条相同面料做的裤子呢？"杰伊说，"只要我们把它们做成无褶皱的以及让它们看起来更时髦就可以了。"

"那就做吧，或许这样，玛丽亚和萨莎就不会取笑我了。"总统开玩笑地说。

奥巴马总统说，他还需要一件运动夹克衫。"运动夹克衫有好多款式，总统先生，您有什么特别的偏好吗？"杰伊问。

奥巴马向杰伊投来了疑惑的目光。"我真的不知道，面对这类事情，我总是不知道该如何正确地选择。"他说。

"以前是第一夫人帮您挑选衣服吗？"杰伊问道。

"不是的，米歇尔从来不管我的着装。"他笑着说。

"哇，那您很了不起啊！我帮很多男士做过衣服，然而他们当中从来没有人能做到这一点。"杰伊说。

除了帮总统打理着装外，我还为一些有可能成为总统的人设计和安排着装，其中一个就是我亲密的朋友、前国务卿科林·鲍威尔（Colin Powell）。最初，是我的一个朋友、他的堂兄介绍我们认识的，那大概是在第一次海湾战争期间。我们第一次见面是在华尔道夫·阿斯多里亚酒店的一次聚会上，当时鲍威尔将军为了参加一次游行活动而来到纽约的。"我的堂兄跟我说，你是全美国最好的裁缝，"将军说，"当我退休时，我会穿便装。如果现在你能为我做一套制服，我会感到很荣幸的。"

鲍威尔将军第一次来布鲁克林参观我的工厂时便带着深深的感情。我带他走过我们厂房的三层楼所有房间，向他介绍每一个工作场所。当我们来到一排排正在做手工缝纫工作的女裁缝的工作车间时，鲍威尔将军停下来看着一位年纪较大的女裁缝，他眼里噙着泪水。"马丁，我非常熟悉这项工作，"他说，"我在南布朗克斯长大。当我母亲刚从牙买加来到这个国家时，她也曾经在一家服装厂当女裁缝，她长时间艰苦地工作着。"

那一刻是我们一直保持到现在的密切而特殊的关系的开始。鲍威尔国务卿远远不只是我的一位客户，我还把他当作我的一位值得信赖的朋友。我曾经多次在他家用餐。我曾经在白宫用过餐，我知道，白宫厨师手艺可能是世界上最好的，不过，每次去鲍威尔国务卿家做客时，我都认为他妻子阿尔玛（Alma）的厨艺绝对不亚于白宫的厨师。

他也是我知道的为数不多的会讲意第绪语的非犹太人之一。当他还是一个孩子时，他曾经在一家由一个俄国犹太移民经营的玩具店里工作过，在那里，他学会了几句意第绪语谚语，他很喜欢跟我说这些谚语。当我的名字出现在新闻报道中时，或者我的生日那天，我都会接到鲍威尔国务卿的电话，他会先对我说"Mazel tov"（希伯来语，意思是"祝你好运"），然后再与我在电话里聊一会儿，尽管他通常没有什么时间。他说我是他的"导师"。虽然我可能在穿着上指点过他一二，可是他让我明白了友谊的真谛。

他同时也是一个十分了不起的客户引荐人。我的许多政界客户都是通过他引荐，进而在华盛顿特区布鲁克斯兄弟公司的非公开时装展示会找上我的。现在，这个活动已经成了吸引政界人士的一块磁石。每次我来到这里，两党政界人士就会蜂拥到我们的门店里，呈现出一种难得出现的

"两党合作"的画面。我与前国防部部长唐纳德·拉姆斯菲尔德（Donald Rumsfeld）的故事也是从这里开始的。某种程度上讲，就是因为国务卿鲍威尔告诉拉姆斯菲尔德，他应该来参加一场即将举办的布鲁克斯兄弟公司的非公开时装展示会，他才来的，然后让我给他量了尺寸。

"我一直都穿布鲁克斯兄弟公司的服装呀！"拉姆斯菲尔德说。

"你穿的是布鲁克斯兄弟公司的成衣。你应该改穿由美国最伟大的裁缝师量身定制的衣服。"鲍威尔告诉他。

于是，拉姆斯菲尔德给我打来了电话约我见面。"白天上班时间我无法来，"拉姆斯菲尔德说，"因为我整天都要工作。"

"好，我明白了！"

"因此，你要么等到晚上我们再见面，要么在周六我不工作的时候。"

最后，他决定在周六的时候携妻子乔伊斯（Joyce）一同前来。"你能帮我做一件跟你身上这件一样的衣服吗？"那天他来了以后看着我的三件套说，"如果有现成的，我现在就买。"拉姆斯菲尔德是一位实实在在的财务保守派人士，拒绝使用信用卡，总是用现金支付。

拉姆斯菲尔德说，他和妻子都非常喜欢他的新西服。我知道他说的是真话，因为他又来我们的店里购买了更多衣服。让一位重要客户购买更多衣服的秘诀就是让他的妻子满意。拉姆斯菲尔德就是这样，他们在1954年就结婚了。只要有那么一回，她丈夫穿着我们的西服看上去光彩照人，就会成为我们的终生客户，或者至少在他们的婚姻存续期间，他会一直购买我们的西服。

另一位婚姻幸福而又成了我们客户的军界人士是参议员鲍勃·多尔（Bob Dole），他第一次来找我量体裁衣也是在我有一次参加华盛顿布鲁克斯兄弟公司的非公开时装展示会的时候。布鲁克斯兄弟公司是一家具有传统历史的美国公司。如果布鲁克斯兄弟这个品牌对斯科特·菲茨杰拉德（Scott Fitzgerald）这样的人都颇有吸引力的话，那么毫无疑问，它对任何一位美国男性都会有吸引力。

我一直都非常喜欢多尔参议员，也对他崇敬有加。在二战时期，作为一名士兵，多尔在意大利遭受过纳粹机枪关的扫射，他的背部和右臂都曾中过枪。他因作战英勇，获得了两枚紫心勋章和一枚铜星勋章。尽管他奇迹般地康复了，然而他的右手却永远也不能动了。多尔参议员让我想起所有那些远涉重洋、为让我以及数以百万计的其他人获得自由而英勇作战的美国军人。每次我看到他，都忍不住要感谢他服了兵役，并且告诉他我是多么感激他。如果没有像他那样的军人，我在集中营不会活着出来，更永远不可能有机会来到美国实现自己的梦想。

"服兵役是一件让我感到非常荣幸的事情，"多尔参议员谦逊地说，"这是我一生的荣耀！"这样一个人当然值得穿最好的西服，于是我看着他穿上了我为他缝制的衣服。除了为他缝制非常合身的衣服之外，当我在为多尔参议员的外套钉纽扣时，我还想为他做点特别的事情，也就是让他能够在扣纽扣时更方便些，于是我改变了他衣服上的纽扣位置，做了一个隐藏的环，让它更容易固定住衣服。

多尔参议员的妻子利迪（Liddy）凭着自身的努力也成了美国的参议

员。她专门给我打了一个电话,告诉我她是多么喜欢她丈夫的西服。"马丁,我很想让你为鲍勃再做一套西服。"她说。

"这是我的荣幸!"

"我想把这套西服作为礼物送给他,我想给他一个惊喜,"她跟我说,"你需要再给他量一次尺寸吗?"

"不需要了,他的尺寸我们这里已经有记录了,除非你把他养得更肥,我们才不得不需要再量一次。"

后来,我看到多尔参议员穿着我们为他缝制的西服参加了二战纪念馆的落成典礼,他为纪念馆的建成付出了很多努力,如今终于成为现实了。我为他的善举、更为他那天看上去是如此不凡而深感自豪。

然而,说服政界人士立即做出量身定制西服的决定并不总是那么容易的。时任参议员的乔·拜登(Joe Biden)在成为美国副总统之前,时常乘坐火车来回奔波于华盛顿和老家特拉华州之间,我们经常在火车上碰面,有很多次都是坐在一起的。他是一个说话大声、幽默风趣的家伙。在一起乘坐火车多次后,有一天我终于鼓起勇气告诉拜登参议员:"参议员先生,我认为你现在是时候让自己穿上更体面一点的西服了。"

"你想说什么,马丁?我穿在身上的西服有什么问题吗?"

"嗯,说实话,你的西服并不太好。而且也是时候了,让我们把你的单排扣西服换成双排扣西服吧!"

"但是,你不会把你的西服卖给民主党人的,你只替共和党人做衣服。"

"你到底生活在哪个星球上?我只是一个独立的西服制作商,我为许多民主党人做过衣服。"

"真的？我并不知道。"

"我愿意为任何人缝制衣服，只要他有钱买得起我缝制的衣服就行。"

"啊，好吧！也许这就是为什么我从来没有听说过民主党人从你这儿买衣服的，只有有钱的共和党人才买得起你的衣服。"

"我为鲍勃·施特劳斯（Bob Strauss）缝制过衣服。"我说，我指的是民主党的前主席。

"是啊，鲍勃买得起。"

"我也为好莱坞的所有民主党人制作过西服。"

"哦，我没有那么多钱。"

后来，当拜登成为副总统时，他给布鲁克斯兄弟公司打电话，说他需要修改他的西服翻领，并希望由我来修改。"把衣服送到我这里来，"我告诉他们，"我会认真细致地解决好翻领问题的，会确保整件衣服没有任何瑕疵。"

值得称赞的是，拜登终于定制了一件布鲁克斯兄弟的西服，不过是现存的货，之后这位副总统让我帮他改了一下，改成适合他穿的样子。虽然它没有真正定制的西服好，但毕竟要比成衣好得多。

纽约不但是全球著名的金融中心，而且也是世界时尚中心。不过，论对支持我们这个产业的重要性的认识，很少有人比得过前纽约市市长迈克尔·布隆伯格（Michael Bloomberg）。人们经常谈到市长迈克尔·布隆伯格的财富和商业上的成功，但是对我来说，他身上最了不起的一个品质，是他愿意倾听民众的声音并实实在在地关心民众的福祉。他并非只是作秀而已，有太多的政客只会作秀，而他却能够做到真正地**倾听**民众的声音。

我是在布隆伯格市长第一次来我们布鲁克林的工厂里量体裁衣的时候看到他这一面的。在将近一个小时的时间里，这位美国富豪榜里排名十一的人问了我许多有关我在集中营里的问题。当我痛苦地说到我失去家人的心情时，他极富同情心地听着，甚至眼里还闪着泪花。

他是我敬重的一个人。

他也拥有我缝制的许多套西服。布隆伯格市长在接受《纽约每日新闻报》(New York Daily News)的采访时说，他所有的西服都是从我们这里购买的。"每一件西服，"他说，"而且他们的西服比保罗·斯图尔特（Paul Stewart）更加便宜，我过去穿的就是保罗·斯图尔特的西服。"我能说什么呢？这个人知道自己在说什么。如果你看到一件东西，却不知道它的价值，那么，你是无法成为一个亿万富翁的。你只要问问我们的另一个亿万富翁朋友、独一无二的唐纳德·特朗普就明白了。与特朗普先生一起工作是一种荣幸，他的传奇色彩以及杰出的商业头脑已经成了纽约的荣耀，他创造了成千上万个就业机会。他是一个非常了不起的人，他也是一位了不起的父亲，他明白人生最伟大的投资就是对自己孩子的投资。

每个人都知道迈克尔·布隆伯格和唐纳德·特朗普是谁。但是有时候，当我打理他们的着装时，我甚至完全意识不到他们是有权有势的人。

有一次，我正在华盛顿为布鲁克斯兄弟公司的非公开时装展示会忙碌着，这时进来了一个坐在轮椅上的人，他说他想让我给他做一些西服。

"你是做什么工作的？"我问。

"我是一名律师。"

"很好，你看中了哪款衣服？"

"嗯，不久之后，我可能会在一些电视节目中露面，我想让自己看上去精神些。很多人都极力向我推荐你，所以我希望你能为我安排。"

"让我问你一个私人问题吧：你一直都是坐在轮椅上的吗？"

"我一直都坐在轮椅上，很遗憾！"

"没关系，这根本不是一个问题。我了解这一点很重要，因为这样我才能为你量尺寸，帮你做出最适合你穿的衣服。"

我特别留意了他那件外套的褶皱，因此，我想确保他坐着时，他外套的纽扣是平整的，以便让他在电视上看起来干净利落。"你希望我们为你缝制多少套西服？"我问道。

"六套。"

"六套？哇，那你出现在电视中的次数真的很多啊！"我开玩笑地说道。我只是想诱使他透露更多的个人信息，然而他笑了笑，什么也没有说。

几个星期后的一天，当我下班回到家之后，我听到厨房的电视里传来了一个熟悉的声音，阿琳当时正在厨房里做饭。

"阿琳，"我说，"你在看什么？"

"弹劾克林顿总统的审判。"她说。这时我绕到了厨房的角落里，我看到电视上的那个人就是我那个坐在轮椅上的客户，他是查尔斯·拉夫（Charles Ruff），也就是克林顿总统的首席律师。

"那是我的客户。"我说。

"你的客户是克林顿总统的律师吗？"阿琳问道。

"就是这个人！"

"嗯，我必须说，他穿上这件西服看起来确实不同凡响。"

后来，我获悉，是克林顿总统把拉夫引荐给我的。克林顿总统真是一个伟大的推销员。

我最亲密的一位民主党客户朋友是传奇式人物鲍勃·施特劳斯（Bob Strauss）。他是最后一位美国驻苏联大使，也是第一位美国驻后苏联时代的俄罗斯大使（在共和党人老布什担任美国总统期间），他还是民主党全国委员会主席、中东谈判员、重量级的律师事务所——艾金·岗波律师事务所（Akin Gump Strauss Hauer & Feld）——的联合创始人、总统自由勋章获得者。鲍勃集所有这些荣耀于一身。

鲍勃是一位可爱的、率真的犹太人。早先，他父亲先从德国移民到了美国的得克萨斯州，后来定居在了纽约。鲍勃的妈妈以为他会成为得克萨斯州的第一位犹太籍州长，但是作为一位州长的影响力，与鲍勃后来拥有的影响力相比，可能还差了一点。

鲍勃喜爱精品西服，也有足够的钱买得起。1985年，在罗纳德·里根（Ronald Reagan）总统准备动工建造美国大屠杀纪念馆之前的某一天，他给我打来了电话。"把你最好的西服准备好，"他说，"我为你和阿琳拿到了大屠杀纪念馆奠基仪式的前排座位,我已经安排好了一切。豪华轿车会来接你们两个,它会带你们到你们想去的任何地方。"

"鲍勃,我不知道该如何感谢你。"我说话的声音都变了。

"马丁,你在开玩笑吗?我绝对乐意为你效劳。"他说的就是这个意思。鲍勃是一个非常慷慨的人,他非常喜欢给他的朋友送去意想不到的、有意义的礼物。事实证明,他所给予的礼物远远比他原本设想的还要更加特别。在奠基仪式上,一位年迈的拉比起身发表了演讲,他看起来很面熟,但是我不能确定他是谁。

"我一定在某个地方看到过他。"我低声对阿琳说。拉比继续说着,说他作为解放布痕瓦尔德集中营的美国第三集团军的一名牧师,曾亲眼目睹了大屠杀,他掌握了关于纳粹暴行的第一手资料。**不可能的**,我想,**怎么可能是他**?接着,仿佛上帝亲自替我使了一个眼色,这位拉比讲了一个我非常熟悉的故事:布痕瓦尔德集中营获得解放后,一个小男孩问了他一个他无法回答的问题:"上帝在哪儿?"

"就是他!"我激动地对阿琳说。奠基仪式结束后,我找到了这位拉比。"沙赫特拉比,我叫马丁·格林菲尔德,我曾经在布痕瓦尔德集中营,我就是那个问您问题的小男孩。"

赫歇尔·沙赫特拉比告诉我,他住在布朗克斯。后来,我们一直保持着联系,直到他 2013 年去世。每次我们去拜访他,不管什么时候,我们都会一起重温这个故事。那天在大屠杀纪念馆的奠基仪式上,这是自我们在布痕瓦尔德集中营分手之后的再次重逢,泪水顺着我们的脸颊流了下来，我们所能做的唯有紧紧地拥抱在一起，我不想放开他，他也不想放开我。为了再次体验当时的感受，我与他站在了一起。这个人在我还是一个孩子时，在我的心被纳粹击得粉碎甚至绝望到渴望死亡的时候拥抱了我，我当时感到他在我额上的一吻简直就是上帝之吻。

第 11 章　为明星做衣服

在早些年，我和卡尔文实在是太穷了，连一台电视机都买不起。然而，电影票我们还是买得起的，因此关于美国的许多情况，我都是通过电影了解到的。亨弗莱·鲍嘉（Humphrey Bogart）、爱德华·G. 罗宾森（Edward G. Robinson）、约翰·韦恩（John Wayne）、加里·库珀（Gary Cooper）、弗雷德·阿斯泰尔（Fred Astaire）、马龙·白兰度（Marlon Brando）等，这些电影男演员塑造了我心目中的美国男性形象，也让美国男性的穿着在我心中定了格。其实，早在埃迪·坎特为我的第一次西海岸之旅安排好了一切之前，我就已经被好莱坞深深吸引住了。后来我进一步明白，电影与时尚之间存在着一个非常大的交集，因此，我的这种兴趣也更加浓厚了。名人并不只是**希望**自己看起来光彩夺目，犹如神话般地存在，事实上，这就是他们的**工作**，无论是在银幕上还是在银幕下，都是如此。娱乐产业为我的手工定制男装生意带来了广阔的市场。

如今，社会更是如此。今天的高清晰度电影和电视给导演和服装设计师带来了巨大的压力，他们必须确保戏服的每一针、每一钱都是完美无瑕的，而且必须具有鲜明的时代特色。现代观众眼光犀利、明察秋毫，对于戏装设计上的任何缺陷都会毫不留情地加以抨击，而且还会"广而告之"。

不过，导演们和服装设计师们都非常喜欢我们这个团队，因为我们与他们一样都非常重视产品的细节完美。我们能够缝制出流行于旧时代的西服款式，完全是因为我们是唯一一家在一百年前就坚持手工缝制的公司，而且所有的流程都可以在布鲁克林的工厂内完成。

我们还试图把大量的历史档案研究成果融进世界一流的服装设计当中。如果所有这一切真的都能做到，那么利润回报自然是非常丰厚的。也正因为如此，服装设计师凯瑟琳·马丁（Catherine Martin）毫不犹豫地找上门来要求与我们合作。她的丈夫巴兹·鲁赫曼（Baz Luhrmann）在2013年执导了电影《了不起的盖茨比》（*The Great Gatsby*）。凯瑟琳是在2011年开始与我们联系的，她邀请我们负责为电影中的三个男主角——莱昂纳多·迪卡普里奥（Leonardo DiCaprio）（饰演杰伊·盖茨比）、托比·马奎尔（Tobey Maguire）（饰演尼克·卡拉韦）和乔尔·埃杰顿（Joel Edgerton）（饰演汤姆·布坎南）——手工缝制所有的戏服，比如西服、背心、运动夹克、正装和休闲裤。我们的打样师比利·欣克尔（Billy Hinkle）和我的儿子杰伊与凯瑟琳的团队密切合作，设计并创作出了非常符合那个时代氛围的美得令人炫目的服装。

影片《了不起的盖茨比》是在巴兹和凯瑟琳两人的祖国澳大利亚拍摄完成的，因此我们对莱昂纳多、托比和乔尔等人的量体裁衣，只能赶在他们三个人来纽约试镜的那个非常短暂的时间段里完成。我让杰伊负责所有的尺寸测量和试衣工作。在给莱昂纳多试衣时，为了给该片的同名主人公所穿的那件著名的粉红色外套精确定型,杰伊和凯瑟琳的团队进行了长时间的讨论。凯瑟琳还决定,为了显示剧中人物汤姆·布坎南的"耶鲁血统",乔尔其中一件外套的衬里应该缝上骷髅会的图案。最近,我们在波士顿,又开始着手为乔尔和约翰尼·德普(Johnny Depp)即将开拍的电影《黑色弥撒》(*Black Mass*)试衣。在试衣过程中,乔尔提到的第一件事情就是,他非常喜欢他演《了不起的盖茨比》影片时所穿的衣服!他还清楚地记得并特别欣赏那些衣服中的所有细节。尽管在电影中乔尔的外套衬里的骷髅会图案出现的时间非常短,只是模模糊糊地一闪而过,但是问题在于,所有细节无小事。很显然,在穿着方面,凯瑟琳和她的团队与我们是同一类人。

我们还曾经为电视连续剧《大西洋帝国》缝制过一系列20世纪20年代的戏服。我们本来预计凯瑟琳会选择同样风格的戏服,但是凯瑟琳却认为那个年代的西服,在细节和款式上应该更"现代化"一些。我不得不承认,在一开始的时候,我不知道怎样做,后来经过反复试验,我们才发现,采用布鲁克斯兄弟公司设计的那个时代的西服似乎是最稳妥、最可靠的做法。事实证明凯瑟琳的直觉非常准确。当我们在看电影的时候,看到在巴兹的导演下,影片中的服装将老式的奢华和新式的边饰结合在一起的时候,就明白了凯瑟琳当初的独特视角是多么有意义。显然,专业人士也是这么认为的。最终,凯瑟琳捧回了奥斯卡最佳服装设计奖。

在与《了不起的盖茨比》剧组合作时,一个颇有意思的插曲是为巴兹缝制衣服。对于我们这些裁缝来说,来自剧组的服装设计师和导演的最高赞誉，肯定是在完成了为影片缝制戏服的任务之后，他们又专门请我们为他们自己做衣服。2014年5月，巴兹来到了纽约，他给我们打了一个电话，问我们能否为他做一件燕尾服，他在2014年的纽约大都会艺术博物馆慈善舞会上要穿。之前他收到了著名的《时尚》杂志主编安娜·温图尔（Anna Wintour）的邀请，不过慈善舞会明确规定必须穿燕尾服配白领结。问题在于，巴兹要得非常急，两天之内就必须做好，为此，我们让他火速赶来布鲁克林。这当中，我们聊到了他执导的《了不起的盖茨比》的巨大成功，彼此非常愉快。最终，巴兹对我们为他本人赶制的燕尾服非常满意。

为《了不起的盖茨比》这样的电影制作富有时代特色的戏服本身就是一个巨大的挑战。不过如果能够与其他同样醉心于手工缝制的裁缝同行一起工作，那么整个过程就会变得更加有意义。类似的合作持续时间最长的一次是我们与HBO的电视连续剧《大西洋帝国》剧组的合作，该剧反映的是禁酒令时期美国大西洋城的整体风貌。特伦斯·温特（Terence Winter）是这部电视连续剧的编剧，同时也是其中的一名执行制片人。在制作该片时，他把对细节的注重融进了珍贵的全景视野当中。作为一名成功的编剧〔他曾编过二十五集电视连续剧《黑道家族》（The Sopranos）〕，他还因影片《华尔街之狼》（The Wolf of Wall Street）而获得了奥斯卡最佳编剧奖的提名。我们知道他总是做到尽善尽美。

温特精益求精的做法得到了回报。《大西洋帝国》捧回了金球奖之最佳戏剧类电视系列剧奖（Best Television Series Drama）。2011年，该剧的执行制片人兼导演马丁·斯科塞斯也赢得了艾美奖之剧情类最佳导演奖。

我们总共为《大西洋帝国》的全部试播集和五季中的 173 个人物缝制了 600 套戏服。有该剧组才华横溢而又勤奋的服装设计师约翰·邓恩（John Dunn）的大力配合，我们的工作变得更容易操控了。他给我们带来了大量的研究资料——黑帮的相片、1917 年和 1918 年的服饰目录（因为在 1920 年，人们更有可能会穿前几年的服装）以及附有样布的那个时代的彩色图纸和剪影（当时还没有彩色照片）等等。反正你需要什么，约翰就会为你提供什么。

那个时代的外套与现在一样，腰部较长较高，肩宽合适，但同时以自然的圆领为特色。裤子风格也像今天一样，以修身为主，但是腰更高，前开口，开口处缝上纽扣。面料的选择是最困难的一个部分。为了把那个时代更真实地展现在人们的面前，我们到处搜罗花呢和厚重的精纺毛织物这样的复古面料。

在约翰的密切协助之下，我们顺利地缝制好了所有电视剧所需的戏服，这些戏服也给斯科塞斯留下了深刻的印象。当杰伊在试播集的拍摄期间去工作室时，约翰走到杰伊的面前，说斯科塞斯希望与他说几句话。

"一切都还好吗？"杰伊问。

"哦，是的。"约翰说，"他非常喜欢，他想告诉你的就是这个。我有点惊讶，因为斯科塞斯除了剧组内部工作人员之外，很少跟其他人直接打交道。"

斯科塞斯先向杰伊问好，并且对他称赞说，戏服做得真漂亮。他毫无虚言。2011 年，我们又为斯科塞斯的另一部电影《华尔街之狼》制作了戏服。当莱昂纳多·迪卡普里奥对着镜子试穿我们做好的衣服时，他说：

"我的右肩看起来比左肩要低。"

"那是因为你的肩本来就如此。"杰伊实事求是地回答并继续为他试衣。

在设计具有历史感的戏服时,有时候我们还会参考自己家人的服装。例如,当我们为参演电影《伟大的辩手》(The Great Debaters)的丹泽尔·华盛顿(Denzel Washington)制作戏服时,我就参考了旧照片中我自己穿过的外套的款式,那些照片是我在大屠杀中幸存下来后与格芮弗德家族的其他成员一起拍摄的,那个时代恰好就是电影中所描述的时代,因此这些照片理所当然具有参考价值。当然,这无损于丹泽尔的英俊形象。

杰伊、托德和马丁·格林菲尔德服装公司的全体一百多名员工,一直努力地在我最初工作过的那个厂房里工作,即后来我从 GGG 公司买下的那个厂房里工作着。我每个星期工作六天。最近有人问我为什么还要工作这么长时间。"因为我不想错过任何一件有趣的事!"我告诉他。你知道,现在已经跟过去不一样了,名人、导演、服装设计师、政治领袖和职业运动员,都会直接到我们的工厂里来定制服装。正如一位客户说的那样:"我喜欢到工厂里来做衣服,因为我从来不知道我将会碰到谁。"

男士时尚界的一些后起之秀会跟我们争夺学徒。我已经建成了一个拥有许多世界一流裁缝天才的服装公司,这是我最大的成就之一。忠诚地守护高德曼先生交给我的 GGG 公司的生产模式,也一直是我的目标。这就意味着,我们必须从基础开始,而不是通过速成的培训方式来培养年轻的裁缝师。我们需要的是极具刻苦精神的人,他们能够常年承受得起我们分配给他们的艰巨任务。出于这个原因,我尽量给我们公司中有才华的裁缝师接触名人的机会,对于一名学徒来说,这是一个重要的组成部分,有利于我们从公司内部培养出一大批杰出的裁缝师。

除了以上提到的原因之外,与名人接触本身也是一件赏心乐事。我进入这个行业早期的一些最美好的记忆,都来自我碰巧遇到鼠帮乐队(Rat Pack)成员的激动时刻。正如我在本书上文中提到过的,我曾经遇到过弗兰克·西纳特拉和小萨米·戴维斯,还为他们做过GGG式的燕尾服——这些服装从严格意义上来讲是戏服。西纳特拉和许多同时代的其他艺人经常请我们为他们缝制没有真正口袋、只有假口袋盖的外套,这让他们的衣服看起来像是"戏服",因此能够减税。

不过我在GGG公司工作的早期,近距离接触明星的机会少之又少,因为给顾客量尺寸的工作都是在第十四大街的公司总部办公室进行的,而不是在工厂里进行的。然而,在一些特殊场合,高德曼先生还是会让我戴着白手套给明星送衣服。记得有一次,他让我为鼠帮乐队的迪恩·马丁(Dean Martin)和搭档杰里·刘易斯(Jerry Lewis)缝制衣服,然后把做好的衣服送给他们。

我花了一个星期的时间为迪恩·马丁和杰里·刘易斯缝制出了燕尾服。像那个时代大多数知名的艺人一样,他们也穿GGG西服。高德曼先生告诉我,马丁和刘易斯将会同时出现在保罗·达马托(Paul D'Amato,外号"皮包骨")所拥有的非常著名的大西洋城500俱乐部里,这是鼠帮乐队成员非常喜欢去的一个地方,一些黑帮成员也非常喜欢去那里。

当我赶到500俱乐部时,我根本找不到马丁和刘易斯。我问那里的一名服务生,请他告诉我他的老板在哪里。"'皮包骨'在后面打牌。"他说,"你继续往前走,就在那个房间。"于是我走进了一个小房间,我看到的情景与有关黑帮的电影里的场景非常相似:屋内烟雾缭绕,几个硬汉围在牌桌边上。

"有什么需要我帮忙的吗?""皮包骨"说。

"有,先生。我到这儿来是给马丁先生和刘易斯先生送燕尾服的。我是GGG公司的。"

"太好了!让我看看能不能找到他们。"他说着便从座椅上站了起来,"过来这儿,孩子,替我打一手。增加赌注,压倒他。"

"皮包骨"把他的牌递到了我手上。这时桌子中央已经堆了一大堆钱。我已经完全不记得我当时手里拿的到底是什么牌,只不过我分明感觉到,"皮包骨"的手气显然非常好。我的好胜心开始在心里滋长起来,我希望自己能够为"皮包骨"赢下这堆钱。

我增加了赌注。

另一个家伙也增加了赌注。

我再次增加了赌注并屏住了呼吸。

我的对手长时间地看着他手中的牌,接着叹了一口气,把牌面朝下放在了桌上。

"干得好!"其中一名男子对我说。我迅速地把所有的钱都拿了过来,希望能够在"皮包骨"回来之前把这些钱整理好。

"你赢了！干得好，孩子！我找不到迪恩和杰里，但我会帮他们签收西服的。"

"谢谢您，先生。"我说，但是我觉得很失望，因为这意味着我这次见不到马丁和刘易斯了。"请转告他们，高德曼先生说，如果他们想要对衣服进行任何改动，我们随时都很乐意为他们效劳。"

"好的。"

这时，我从牌桌边站起身，开始向门口走去。

"嘿，你去哪儿？""皮包骨"喊道，"你忘记你的小费了。"

于是，我回到牌桌前。

"那是你的钱，那是你的小费。"

他把那一大堆钱全都递给了我。这比我在工厂工作一个星期赚的钱还要多！

当然，也并不是每一次为名人缝制衣服都有快乐或大圆满的结局的。我最悲叹的一次经历，是为流行音乐天王迈克尔·杰克逊（Michael Jackson）缝制一个特殊的秘密服装系列。

2009年5月的一天，来自纽约切尔西的时装设计师扎尔迪·戈科（Zaldy Goco）出现在了我们工厂里。扎尔迪负责迈克尔《就是这样》（This Is It）巡回演出的服装设计。他希望我们能够为迈克尔创造出一些"神奇"的东西，而且要得很急。"我需要你缝制出两件独特的西服，同时还要两件一模一样的复制品。"扎尔迪说，"我希望最迟在6月底前能拿到衣服。"

"时间确实比较紧，不过我们能够完工。"杰伊回复说，"让他来我们这里，我们要为他量尺寸。"

"这不成，迈克尔是不会来布鲁克林的。"

"如果我们没法给他量尺寸，那么我们怎么为他定做衣服呢？"

"很简单，"扎尔迪说，"迈克尔的身体尺寸与我完全一样，你们可以量我的。如果衣服合我的身，也必然合他的身。"扎尔迪瘦得像一根电线杆一样，看起来真的跟迈克尔差不多。"这就是我想让你们做的。"说着，他便展开了设计草图。

他接着说，衣服需要用丝绸和羊毛面料做成，纽扣的扣眼要用金属纤维缝制，还要穿一些黄色的链子。衬里面料要红色的，让迈克尔看上去就像是在月球上漫步一样。此外，他还希望有一套蓝色的意大利丝绸西服，锥形腰，一对2英寸的垫肩，斜盖口袋和尖领。

"小菜一碟！"我开玩笑地对杰伊说。

这跟我们平常缝制的衣服几乎完全不一样。不过，话又说回来，迈克尔·杰克逊向来不是一位普通的客户。把扎尔迪异想天开的设计做成真正的衣服，这种挑战着实让我们激动不已。扎尔迪是一位设计天才，他与布兰妮·斯皮尔斯（Britney Spears）、基思·理查兹（Keith Richards）、米克·贾格尔（Mick Jagger）、詹妮弗·洛佩兹（Jennifer Lopez）等众多顶级音乐天才都合作过。他解释了他的设计创意，我们也理解他为什么要这么设计。

于是，我们用棉布先缝制了一件实体模型样衣，扎尔迪把它空运去了洛杉矶，然后又空运回了一些迈克尔穿着这件实体模型样衣但不露脸的照片。这些照片对我们很有帮助，有了它们，我们就可以改进设计并重新缝制棉布实体模型样衣了，以确保更加适合他的体形。扎尔迪把修改后的棉布模型样衣又空运到了洛杉矶，然后又空运回来一些迈克尔穿着修改后的模型样衣的照片。到了 6 月初，在扎尔迪安排并完成了最后一次横穿东西两岸、来回空运样衣的航程之后，迈克尔·杰克逊的这两套衣服终于定下来了。

我们团队齐心协力，终于在 6 月中旬完成了这两套衣服，当然，同时也完成了相应的复制品，并且把各一式三套的衣服全都空运给了扎尔迪。迈克尔在去世的前两天，还穿着它们进行了彩排。第四套和最后一套西服完成于 6 月 26 日，那正是迈克尔去世前的几个小时。

我们原本希望这些衣服会成为我们为迈克尔缝制的第一批衣服，然而却成了为他做的最后一批。

有时候，应剧组的要求，我们制作的服装可能并不完全与电影或电视剧所反映的那个时代的潮流相吻合，可能是因为这些时代"不太走运"，其中比较典型的是 20 世纪 70 年代。举个例子来说吧，我们曾经为执导并出演奥斯卡获奖影片《逃离德黑兰》（*Argo*）的本·阿弗莱克（Ben Affleck）制作过一些戏服。该影片描述的是发生在 20 世纪 70 年代的故事，但是它的服装设计师杰奎琳·韦斯特（Jacqueline West）却非常明智地决定，不能让那些粗鲁的喇叭裤和搞笑的超宽翻领抢了剧中人物的镜头。不过，为了让阿弗莱克所饰演的角色看起来确实是生活在那个时代，我们还是不得不制作了一些符合那个时代风格的戏服。我们制作出来的这些戏服能够完美地与那个时代相匹配，当然，以今天的眼光来看，它们似乎并不十分美观。不过，让我特别高兴的是，阿弗莱克非常喜欢这些戏服，因为他把它们都留了下来［在此，我们只能向詹妮弗·加纳（Jennifer Garner）说一声抱歉了］。

　　当我们为因《闻香识女人》（Scent of a Woman）而获得奥斯卡最佳男主角的阿尔·帕西诺（Al Pacino）制作戏服时，也遇到了类似的情形。他的设计师给我们送来了一块布料，让我们用它替阿尔·帕西诺制作一件格子呢西服，可是这块布料到处都是虫孔和破洞。当我们向设计师指出这个问题时，她解释道，这些破洞是故意弄出来的，目的就是希望我们能缝制出一件又破又旧、切合剧情需要的戏服。值得庆幸的是，《闻香识女人》这部影片也需要我们同时为阿尔制作几套既时髦又华丽的西服。考虑到影片中会出现一个跳探戈舞的场景（这个场景现在已经成了经典），我们特别缝制了一套看上去非常不错的西服，这套西服可以使他在那个非常重要的场景中自由地舞动。后来，阿尔·帕西诺对我说："马丁，穿着你为我定制的这套西服跳舞，感觉棒极了。这是其他任何西服都比不了的。"这是来自一位非常杰出的演员同时也是一位极其高明的舞者的最高赞美。

　　为影片中的人物定制服装面临的挑战，部分源于你缝制出来的服装不但要令导演和服装设计师满意，而且还必须满足演员的个人偏好。此外，也得让电影观众和其他人觉得很得体。我们曾经于2010年与天才服装设计师朱丽叶·波尔萨（Juliet Polcsa）一起合作，为拉塞尔·布兰德（Russell Brand）在翻拍的《亚瑟王》（*Arthur*）一片中饰演的角色制作了很多套完美的戏服。根据影片的要求，朱丽叶设计出了带有贵族气息的萨维尔风格的服饰，然而，主演拉塞尔却偏爱低腰、紧身、窄脚裤以及非常合身的夹克。为此我们团队非常努力，力求把两者完美地结合起来，最终制作出了许多非常优雅的服饰，既能体现现代风格，又能展示定制的戏服所特有的细节。比如说，我们特别设计了可操控的袖纽，这样拉塞尔在有些场景中就可以毫不费力地解开纽扣、卷起袖子。他在剧中扮演的角色的服装上需要有一个巨大的上衣口袋，大到足以容纳一个烧瓶。拉塞尔扮演的电影角色所穿的衣服，除了蝙蝠侠系列之外，其余的都是我们制作的。朱丽叶因为她的出色工作而得到了一些顶尖服装设计师的高度赞扬，然而，她却用她那一贯亲切的方式谦逊地表示："如果没有他们，这些美妙的电影根本不可能拍出来。"她甚至把我们公司称为"国宝"。

男士时尚界在过去几十年的演变过程中，一个令人鼓舞的突破是，它的触角已经深入专业运动的领域。在利润丰厚的合同、昼夜不停播放的体育频道、频繁的广告代言活动以及激烈竞争的驱使下，今天的体育明星们都努力让自己穿得既时髦又有个性，只有这样才有可能在同行中脱颖而出。

从勒布朗·詹姆斯（LeBron James）的水鸭色佩斯利燕尾服，到科比·布莱恩特（Kobe Bryant）在年度卓越体育表现奖（ESPY）颁奖典礼上穿的西服，都是我们公司为他们量身定制的最好的衣服。当然，我们的服务对象并不仅限于篮球运动员，体育史上的传奇人物、冰球运动员韦恩·格雷茨基（Wayne Gretzky），以及伟大的拳击运动员埃万德·霍利菲尔德（Evander Holyfield），还有我本人非常欣赏的纽约巨人队的迈克尔·斯特拉汉（Michael Strahan）——他在结束了作为一名橄榄球员的职业生涯后，又成了《早安美国》（Good Morning America）的节目主持人——所有这些人的西服都是马丁·格林菲尔德服装公司制作的。

为运动员制作衣服面临着一些非常大的挑战，这不仅仅是因为他们中的许多人都是身材高大的"巨人"——尽管很少有人会像NBA球星沙奎尔·奥尼尔（Shaguille O'Neal）那么巨大，他身高7.1英尺，体重三百多磅。

有一天，我们接到了一个体育经纪人的电话，他说他的一个客户需要定制一套西服。"我会让他到纽约来，你们可以到四季酒店来为他量尺寸。"这位体育经纪人说。

根据他提供的地址和房号，我和杰伊走进了四季酒店的一个房间，在那里我见到了我有生之年见过的最巨大的人。我们曾经为纽约尼克斯队的传奇人物帕特里克·尤因（Patrick Ewing）制作过衣服，但是与沙奎尔·奥尼尔（Shag O'Neal）相比，帕特里克简直可以说是骨瘦如柴了。当我与沙奎尔握手时，我的头顶只有他的肚脐眼那么高。他穿着一件58码的西服，这件西服所需要的面料足够做一顶小帐篷了。我需要借助踏脚凳才能帮他精确地量尺寸。当我展开卷尺量他双腿的尺寸时，我的视线简直无法从他的双脚上移开。"我的天呐!"我说,"你穿多大号码的鞋子呀?"

"22 码的。"他一边说着一边就笑了(美国的 11 码相当于中国的 45 码。读者可以想象一下奥尼尔的鞋子有多大。——译者注)

有时候,我们为好莱坞明星准备的服装也会影响我们为职业运动员缝制衣服时的风格,有例子为证:纽约尼克斯队的前锋卡梅罗·安东尼(Carmelo Anthony)曾经被《名利场》(*Vanity Fair*)杂志评选为 NBA 前十位最佳着装球员之一,他拥有良好的时尚感,因此,他喜欢瑞格布恩品牌的服装也就不足为怪了。杰伊就是在瑞格布恩的展示厅为卡梅罗量尺寸的,我们还邀请他亲自前来我们的工厂试衣。

卡梅罗的设计师请我帮忙说服卡梅罗在 2014 年的纽约大都会艺术博物馆的时装学院庆典上穿燕尾服。"这儿有一些史蒂夫·布西密在《大西洋帝国》中饰演努基时穿燕尾服的照片。卡梅罗很喜欢看这部电视剧,因此如果你把这些照片给他看并告诉他,你能为他缝制出类似的服装,那么或许他会同意的。"她说。

我哈哈大笑,嘴巴张大到可以横着放进一根香蕉:"你难道不知道《大西洋帝国》中所有角色的服装都是我们制作的吗?"

她惊讶得下巴都快掉下来了:"你说什么?等等,你的意思是这部电视剧中所有人物穿的衣服都是你们制作的……"她简直不敢相信。

"是的,他们穿的任何一件衣服都出自我们之手。"

当卡梅罗来到我们工厂时,我告诉他,古典而优雅的燕尾服永远都不会过时。"卡梅罗，你看，这里有我为克林顿总统做的燕尾服的照片。"我说着并递给他一张照片。

"这件衣服真好！"他说"但是那是克林顿总统啊！他是美国总统，他**必须穿燕尾服**。"

"相信我，卡梅罗，我们会为你缝制一套更具现代风格的西服。你喜爱的电视剧《大西洋帝国》中，所有人物穿的衣服都是我们用手工一针一线缝制的。你一定会喜欢我们为你缝制的燕尾服的，因为你要在纽约大都会艺术博物馆慈善舞会上发表演讲。"听了我的话他虽然不是很确定，但是显然已经非常信任我，并相信我和同事们会缝制出令他满意的衣服。

我们用一种流行的海军蓝面料给卡梅罗缝制了一件燕尾服。为了以防万一，托德和杰伊还建议，我们应该再缝制一套海军蓝的无尾礼服，这样即使卡梅罗不喜欢燕尾服，有这件备用的无尾礼服也不会出任何纰漏。结果，卡梅罗非常喜爱我们为他做的燕尾服。在他的时尚顾问为他配上了最后一些配饰之后，他就仪表堂堂地登上庆典舞台了。最终，卡梅罗成为这个大型庆典活动中最时尚和最耀眼的人物之一。

体育精英们的步伐总是非常快，为了给他们提供时尚服装，我们必须最大限度地发挥自己的创造力。在我们与唐娜·卡兰合作的十年间，福克斯电视网橄榄球频道向我们抛来了橄榄枝，让我们为他们所有的播音员制作服装，这些播音员包括特里·布拉德肖（Terry Bradshaw）、约翰·麦登（John Madden）、豪伊·隆（Howie Long）、帕特·萨默罗尔（Pat Summerall）、吉米·约翰逊（Jimmy Johnson）和詹姆斯·布朗（James

Brown）。这个节目的制作人说，他们全班人马会一起去洛杉矶为直播季前赛做准备工作，我们可以去那边给他们量体裁衣。这次会面的场面简直可以用"混乱不堪"这个词来形容。特里坚持他一贯爱开玩笑的风格，麦登和吉米也一直哇哇叫个不停，节目的制片人则让可怜的豪伊骑着摩托车冲上了为拍摄一部短剧而建造的房屋的屋顶。不过，无论如何，我们最终还是圆满完成了任务。我们为他们手工缝制的服装，他们每个人都非常喜欢。

在演艺界，最讨人喜欢的人物之一是在布鲁克林土生土长的吉米·法隆（Jimmy Fallon），他是一个非常忠诚的纽约人，也是瑞格布恩品牌最忠实的粉丝。创办瑞格布恩品牌的两个男孩马可斯和大卫，在2009年把我介绍给了吉米，当时他刚刚接替科南·奥布莱恩（Conan O'Brien）上美国全国广播公司（NBC）的《午夜秀》（*Late Night*）节目（顺便提一下，科南·奥布莱恩的服装也是我们缝制的）。

"吉米，"马可斯说，"我想让你见见独一无二的马丁·格林菲尔德先生。"

"很荣幸能够见到你，先生。"吉米说。他很有诚意，而且能够让你真切地感受到他的诚意。我一见到这个孩子，就打心底里喜欢他。

"你的设计师想让你穿什么样的衣服呢？"我问。

"一些意大利设计师设计的西服，"吉米说，"它们看起来都不错，但我穿起来不太合身，太紧了，也不舒服，在舞台上我无法自如地活动。"

我翻看了他衣架上的衣服，见到了许多常见的品牌的标签，马上就明白问题出在哪里了。我给他看了一些我们制作的瑞格布恩品牌服装的样品，他非常喜欢短夹克、高袖孔、长翻领这样的搭配。"那么，我们就缝制几件这样的衣服吧！"我跟他说，"我会按你喜欢的这款瑞格布恩样品去缝制的。当穿上我为你做好的衣服去做节目时，你会感到很舒服的，身体活动不会受限。"

"太棒了！"

"我看过你的节目，你喜欢四处跳来跳去。如果你穿着这个衣架上的这些衣服跳来跳去的话，你的脚肯定会扭伤的。"我开玩笑地说道。他笑着说，他都等不及要看我们为他量身定制的衣服了。

杰伊、乔和我为吉米量好尺寸回来后的一周，好几套衣服就缝制好了，吉米开心得简直要发疯了。在试穿了几套我们为他缝制的瑞格布恩品牌的衣服后，他单膝跪在我面前不停地亲吻起我的戒指。

"我不是教皇啊，吉米，我只是帮你做了几件衣服而已。"我说。

"对我来说，格林菲尔德先生，您就是时尚界的教皇。"

当吉米接到电话得悉自己即将接替杰·雷诺（Jay Leno）时，他做了一件正确的事：他把这个节目带回了纽约。这正是一个布鲁克林好男孩应该做的。他还向我们定了另外六套衣服。每当我和杰伊为了帮他试衣服而去拜访他时，他都会一如既往地单膝跪地亲吻我的戒指。吉米为人非常谦逊；他能包容所有人。他的工作非常出色，让所有布鲁克林人都为他感到自豪。

让世界都感到骄傲的另一个布鲁克林人是吉尔伯特·莱文爵士（Sir

第 11 章 为明星做衣服

Gilbert Levine），他是一位美籍的犹太裔指挥家，因被称为"教皇的音乐大师"而广为人知。他的岳母是奥斯维辛集中营的一位幸存者。吉尔伯特·莱文爵士于 1987 年至 1993 年期间，在教皇约翰·保罗二世的家乡波兰的克拉科夫爱乐乐团（Krakow Philharmonic）担任指挥。教皇对他的工作赞誉有加，后来还邀请他指挥自己任职 10 周年庆典的音乐会，并邀请他担任在那之后的一系列教会音乐会的指挥。教皇约翰·保罗二世是个有大智慧的人，他非常清楚，这个美国籍犹太裔的指挥家对他的友谊和感激，有助于弥合世界上天主教徒和犹太教徒之间的精神裂痕。

在一次参观梵蒂冈时，莱文爵士见到了红衣主教雷纳托·拉斐尔·马蒂诺（Cardinal Renato Raffaele Martino），他同时也是罗马教廷驻联合国的代表。在寒暄了几句之后，他们的眼光落在了彼此的衣服上。红衣主教非常喜欢莱文爵士的衣服，便问这位指挥家："你是从哪儿弄来这件衣服的？"莱文说："布鲁克林有个裁缝……"还没等他把话说完，马蒂诺便翻开了自己的西服外套给莱文看。这衣服的商标是"马丁·格林菲尔德"。

1994 年，罗马教廷授予莱文圣格里高利一世骑士勋章（a knight commander of the Order of St. Gregory the Great），这是自莫扎特以后授予非教会音乐家的最高荣誉的骑士勋章。2010 年，罗马教皇本笃十六世又授予莱文更高等级的银星勋章。

在这个疯狂的时尚行业里，永远都有一些意想不到的事情发生。有一次，当我们接受邀请为艾美奖获奖演员詹姆斯·斯派德（James Spader）

在美国 NBC 电视台拍摄的电视连续剧《黑名单》中饰演的角色制作戏服时，我并不知道自己的演艺生涯即将开始了。在拍摄第一季时，我们为詹姆斯·斯派德缝制了 12 件西服、28 件背心和 30 条裤子，他在剧中扮演"红魔"雷蒙德·瑞德·莱丁顿（Raymond "Red" Reddington）。当我与他第一次见面时，我们就很合得来，他身上具有一股魔力，立刻就迷住了我。他和《黑名单》剧组的成员都对我们公司以及我们公司背后的故事非常感兴趣。事实上，也正是因为这个原因，他们在拍摄第一季中的第 7 集时，有三个场景就是在我们公司的工厂拍摄的。

"如果我们要在马丁·格林菲尔德服装公司拍摄，那么，我们必须请马丁出镜。"詹姆斯说。

"我？"我说。

"是的。"

"那么，你们要我做些什么呢？"

"你会成为剧中的'马丁裁缝'。我认为你会把这个角色演绎得非常完美。"

剧情要求我与詹姆斯演对手戏。詹姆斯是一个非常可爱的朋友，他特地修改了原来的剧本，把我的名字加进了台词当中，因此在剧中，"红魔"会这样说："马丁，你有没有觉得裤子太紧了？"就因为这句台词，有几个眼尖的时尚博主在该剧的这一集中注意到詹姆斯提到"马丁"这个名字，并立即认出了我。之后，我们接到了好几位朋友打来的电话，其中有一位朋友说，他在《黑名单》中看到一个镜头："有一个角色看起来很像你，马丁，甚至连名字都和你一样！"

塑造影视人物的形象和风格，让我体会到了这个行业的乐趣，其中一个很大的好处是，我可以比公众更早了解到正在拍摄的电视剧和电影的剧情，这激发了我内心深处的童真。后来，福克斯公司拍摄的一部以蝙蝠侠为题材的电视连续剧《高谭镇》（Gotham）中，至少有9个人物的形象是我们帮助塑造的。目前，我们还在为奥斯卡·伊萨克（Oscar Isaac）和艾伯特·布鲁克斯（Albert Brooks）在电影《至暴之年》（A Most Violent Year）中扮演的角色缝制戏服，同时还与《尼克病院》（The Knick）的导演史蒂文·索德伯格（Steven Soderbergh）合作。《尼克病院》由著名演员克里夫·欧文（Clive Owen）主演，它是美国 Cinemax 电视网出品的一部迷你电视剧，讲述的是发生在20世纪初纽约一家名叫尼克病院的医院中的一些故事。此外，我们还在为一部即将拍摄、尚未有正式剧名的描述摇滚明星生活的电视连续剧制作戏服，这部电视剧由 HBO 出品，剧情发生的时间设定在20世纪70年代，它将由马丁·斯科塞斯执导，米克·贾格尔（Mick Jagger）任制片人。我们也很高兴能够在《纪念乔·帕特诺的一生》（the life of Joe Paterno）一片中与朱丽叶·波尔萨（Juliet Polcsa）和 HBO 合作，该片的主演是阿尔·帕西诺。我们还为《乱世德心》（Public Morals）中由艾德·伯恩斯（Ed Burns）主演的角色制作了戏服，这部电视剧是他与史蒂文·斯皮尔伯格（Steven Spielberg）联合制作的，是一部讲述发生在20世纪60年代的纽约的罪案故事的警匪剧。

我在时尚界已经将近七十年了，一直以来，即使我的创意不为世人所理解，或者暂时与现实发生某种矛盾时，我也从来不曾气馁过。不同门类的艺术之间是相通的，某个领域的艺术家的激情同样也能点燃另一个领域的艺术家的激情。帮助导演、编剧、演员和服装设计师实现他们的梦想，让他们的艺术想象变成现实，这个过程同样激发了我内心深处的创造激情。哪一天，这种创造激情的熊熊烈火停止了燃烧，我的生命也将结束了。

第12章 80岁才举行的成年礼

在我这一生中,最终的结果是光明战胜了黑暗。美国这个伟大的国家,最擅长的就是把每个人的不可能变成可能,在这里,你会得到远远超过你应该得到的福报。

我得到的其中一个福报是2008年8月9日降临到我身上的,那一天是星期六。在我长大成人的过程中,我从来没有举行过成年礼,因为我在13岁的时候就已经从巴甫洛沃逃到布达佩斯了。因此,当我们所属的西安普敦海滨汉普顿犹太教堂的相关人员告诉我,可以在我80岁生日那天为我举行成年礼的时候,我真是欣喜若狂。我的成年礼将由马克·施奈尔(Marc Schneier)拉比主持。他是在13岁那年举行成年礼的,而且当时他所穿的礼服就是我亲手缝制的。如今,他将为我主持我的成年礼。

为了迎接这个重大的日子,我做了很多精心准备。我必须学会在诵读完《托拉》(Torah)之后用一种特殊的调子吟唱《哈夫塔拉》(Haftarah)。《犹太世界报》(Jewish World)的记者问我,在学习用这种调子吟唱圣歌的过程中是否遇到了困难,我告诉他,这确实有点难,但是我并不担心,"如果我唱错了,他们又能怎么做呢?难道会杀了我吗?"

除过我的家人，还有另外500名亲朋好友都将来参加我的成年礼，我迫不及待地等待着这个重大日子的到来。当这个无比重要的星期六终于到来时，我穿上了三件套淡紫色绉布西服。在成年礼开始之前，我站在那儿看着一排排前来观礼的人，每一张面孔都是一个鲜活的记忆。人群中有杰伊、托德以及他们的妻子谢丽尔（Cheryl）和邦妮（Bonnie），还有阿琳和我的宝贝孙子、孙女们：艾米（Amy）、大卫（David）、索菲亚（Sofia）、雷切儿（Rachel）。当我的目光与他们相遇时，我忍不住哭出了声。

在举行成年礼的整个过程中，我一直想象着我的母亲、父亲、妹妹和小弟弟也来到了现场，他们都在静静地看着我。我并不感到悲伤，相反，我感到很快乐。当施奈尔拉比将一块黑白条纹的披巾（祈祷披肩）披在我身上时，我感到了上帝的存在，心里非常安宁。

"在这儿，你是一个大屠杀的幸存者，但是你明白，我们人类是用建设来对付毁灭的。"施奈尔拉比说，"马丁重建了自己的生活，创办了一家成功的企业，同时还拥有一个美好的充满爱的家庭。"

当轮到我致辞时，我告诉前来的亲朋，今天是一个值得庆祝的日子。"难道我活下来是因为我是一个英雄吗？不是的！"我对大家说，"我之所以能够幸存下来，也许只是因为上帝想让我活下来，或许只是我足够幸运，我不知道。但是，我现在真真切切地站到了这里。这是我一生中最重大的日子。我曾经命运多舛，可如今我却活到了80岁。"

如果说我一生中屡逢奇遇的话，那么，只有一个解释是行得通的：上

帝早就决定让美国成就我的人生。

我曾经死里逃生至少十几次。在奥斯维辛集中营的时候，我随时都有可能被扔进焚尸炉；在布痕瓦尔德或者其他集中营时，我也随时可能被杀死，正如我的家人以及其他600万人一样。

在去格莱维茨的死亡之旅中，我也有可能被冻死。

我在偷吃德军士兵的途中给养时也可能会被抓住而一枪打死，或者被殴打致死，再或者被雨点般落下的炸弹炸死。

我有可能永远也找不到我的亲人，从而也永远感受不到只有家人才能给我带来的快乐。

我有可能心灵空虚地度过迷茫的一生，永远也找不到我梦中的女孩。

我有可能永远也得不到上帝赐予我的礼物——我两个非常棒的儿子。他们的天赋和努力帮我实现了我的美国梦。

真的没有任何逻辑可讲，也没有任何概率可分析，这完全是上帝的恩典，是上帝带领着美国人为我而战，他们拯救了我并收留了我，使我成为他们当中的一员，还给了我无限的机会，帮助我在这个我无比热爱的布鲁克林建立了我无比温馨的家庭。

我的生命中如果除了感激和快乐，必定是一无所有。

事实早就证明并将继续证明，有些东西是无法度量的。

致 谢

写一本书有点像做一件定制西服，两者都需要由很多人把很多个组成部分恰到好处地拼合到一起，从而把心中完美的愿景变成无瑕的实物。

我要感谢迈伦·芬克尔博士（Dr. Myron Finkel）和梅雷迪思·麦基弗（Meredith McIver），是他们帮助我找到了温顿·霍尔（Wynton Hall）。

谢谢你，温顿，你帮助我成功地将我无数思想碎片组合到了一起，并确保我永远不会偏离主题。如果没有你的设想和才华，这本书根本无法成形。我还要感谢温顿可爱的妻子米歇尔·霍尔（Michelle Hall），感谢她为我提供了宝贵的建议，也感谢她的两个宝贝女儿贝拉（Bella）和布莱克利（Blakely）。

提起家人，我理所当然地要感谢我的兄弟姐妹，更要感谢我的父母，是他们给我输灌了价值观。爸爸和妈妈，我希望你们此时正在骄傲地看着我。

我对与我相濡以沫57年的妻子阿琳能说些什么呢？唯有感谢！谢谢你的爱、你的耐心、你的宽容和理解，无论我是前路平坦还是身处困境，你都不离不弃地陪伴在我身边。我对你的爱无法用言语表达，你是我的一切！

我和阿琳的两个儿子——杰伊和托德——是我的左膀右臂。我为他们感到无比自豪。我很幸运,杰伊的妻子谢丽尔和托德的妻子邦妮都非常好,感谢你们成了我的儿媳妇(儿子们,妻子选得不错)。我也很高兴地看到,她们的家人——戈拉夫妇(the Goras)和布龙斯坦夫妇(the Bronszteins)——成了我家庭的一部分。谢谢你们,宝拉(Paula)和杰克·戈拉(Jack Gora),以及吉尔达(Gilda)和已故的莫里斯·布龙斯坦(Morris Bronsztein),你们的女儿是你们送给我们的最好礼物。毫无疑问,在我这个做祖父的人的眼中,我的孙子和孙女们当然是世界上最聪明、最漂亮的。艾米、大卫、雷切尔和索菲亚,你们要知道,我对你们的爱永远没有尽头,我为你们感到无比骄傲,你们是我们家庭的未来。

我非常感激阿琳的兄弟卡尔(Kal)和她的爸爸妈妈,是他们拥抱并接纳了我。

我还要特别感谢我在美国所有"后来才找到"的表兄弟和表姐妹们:弗朗西斯和莫(感谢你们把我领进了家门)、巴尔布(Barb)和斯坦(Stan)、娜塔莉(Natalie)和伯尼(Bernie,)、瑞琪(Rikki)和路易斯(Louis)、琼(Joan)和卢(Lou)、罗尼(Ronnie)、拉里博士(Dr. Larry)和苏(Sue)、艾伦(Alan)和利亚(Leah)、盖尔博夫妇(the Gelbs)以及你们完美的家人,我爱你们所有人。

阿琳有许多堂兄弟和表兄弟,他们的加入让我的家庭更加庞大了。他们分别是:雷塔(Rhetta)和马克斯博士(Dr. Max)以及费尔顿一家(the Felton family);哈罗德法官(Judge Harold);约瑟夫(Joseph)和弗朗辛（Francine）；格里（Gerry）、山姆（Sam）和伊尔玛法官（Judge Irma）；维维安（Vivian）；艾琳（Ilene）；菲利斯（Phyliss）；理查德博士（Dr. Richard）；哈罗德博士（Dr. Harold）和埃尔莎（Elsa）；索尔博士（Dr. Saul）和艾伦（Ellen）；最后但是并非最不重要的是维维安（Vivian）和他的了不起的孩子们，以及他的孙子、孙女们。

默梅尔斯坦夫妇（The Mermelsteins）就像我的家人一样。卡尔文是我最好的朋友，他的兄弟贝内特（Bennet）主持了我的婚礼。他的兄弟史蒂夫（Steve）和他的两个孩子霍华德（Howard）和多萝西（Dorothy），以及他们各自的家庭都是我们非常珍视的朋友。卡尔文，我亲爱的兄弟，我希望你在天堂里看到这本书时会发出会心的微笑。

我还要感谢GGG公司，它就像是我的家。GGG公司的威廉·高德曼不仅是我的导师，而且还是我的养父。而阿道夫·罗森伯格和山姆·利普希茨（Sam Lipshitz）也帮助并支持了我，还教我掌握了GGG公司整个的服装制作流程。因为这一点，以及其他许许多多的原因，我将对他们永远心存感激。

我还要感谢内曼·马库斯百货公司的斯坦利·马库斯，感谢我最最亲爱的朋友德瑞尔·奥斯本（Derrill Osborne），我爱你们！

我要感谢纽约市前市长埃德·科克（Ed Koch）在他任下重新规划并修建了布鲁克林，他是一位伟大的朋友。我还要感谢纽约市另一位前市长迈克尔·布隆伯格，他是纽约有史以来最杰出的市长之一。当然，我还要感谢纽约历史上最懂得着装的两位警察局局长——雷·凯利（Ray Kelly）

和威廉·布拉顿（William Bratton）。

我非常感谢我们的家庭朋友乔·普雷斯医生（Dr. Joe Press）和劳伦斯·英拉医生（Dr. Lawrence Inra），是他们为我们家人的健康保驾护航，每周六天，他们随时都会来我家服务。我还要感谢弗雷德·威尔朋（Fred Wilpon）和索尔·卡茨（Saul Katz），你们对我的友谊四十年如一日，感谢你们的1号大都会夹克。作为你们的超级粉丝，我真的很感激！

我祝福和我一起工作过的男士时尚界的一些最优秀的专业人才，他们当中的许多人都是我的朋友。在这里，我不可能把他们所有人的名字都一一列举出来，而只能列出一部分，他们分别是：约翰尼·达米科（Johnny D'Amico）、乔·格罗米克（Joe Gromek）、皮耶尔·古尔奇（Pier Guerci）、史蒂夫·格罗斯曼（Steve Grossman）、罗伯特·卡普兰（Robert Kaplan）、迪克·莱拜克（Dick Lembeck）、阿兰·莱文（Alan Levine）、克里斯·莱特摩登（Chris Littmoden）、埃里克·伦德格伦（Eric Lundgren）、奥尔多（Aldo）、塞巴斯蒂亚诺·莫斯西尼（Sebastiano Moscini）、纳特·彼蒂格（Nat Pittiger）、比尔·罗伯蒂（Bill Roberti）、杰克·D.辛普森（Jack D. Simpson）、米奇·所罗门（Mickey Soloman）、沃尔特·J.史蒂文斯（Walter J. Stevens）、埃德·图尔科（Ed Turco）、罗达（Rhoda）、杰克·乌奇捷利（Jack Uchitel）、多米尼克·威尔帝（Dominic Verde）、埃里克·威尔金森（Eric Wilkinson）、史蒂夫·费利格（Stevie Fellig）、史蒂夫·列维坦（Steve Levitan）和他的家人。

我要特别感谢我所有忠诚的、勤奋工作的员工，你们的激情和奉献精神每天都在激励着我。我还要感谢我的精神导师亚瑟拉比（Arthur），以及马克·施奈尔（Marc Schneier）、伊斯雷尔·谢托夫（Israel Shemtov）和卢塞恩拉比（Rabbi Luzer），谢谢你们，你们的祈祷和智慧一直陪伴我走过漫漫的人生之路。

我要感谢这些年来我所结交的所有出色的朋友，他们分别是：鲍勃·施特劳斯（Bob Strauss）、杰纳勒尔·科林（General Colin）和阿尔玛·鲍威尔（Alma Powell）、罗纳德·麦克唐纳之家（Ronald MacDonald House）的威廉·T.沙利文（William T. Sullivan）、希伯来养老院的丹尼尔·莱因戈尔德（Daniel Reingold）、布鲁克林区的前区长马蒂·马科维茨（Marty Markowitz）、马文·斯科特（Marvin Scott）、阿尔·薛拉吉斯（Al Shragis）、汤姆·克兰西（Tom Clancy）、布鲁斯·卢埃林（Bruce Llewellyn）、迈克·罗克福德（Mike Rotchford）、夏洛特·科尔布（Charlotte Kolb）、罗兹·毛斯科普夫法官（Judge Roz Mauskopf）和他的家人、红衣主教爱德华·伊根（Cardinal Edward Egan）、吉尔伯特·莱文爵士（Sir Gilbert Levine）、罗恩·佩雷尔曼（Ron Perelman）和莫里斯·R.格林伯格（Maurice R. Greenberg）。

我要特别感谢这么多年来坚持和我做朋友的人，我爱你们所有人：玛格达·西尔伯曼（Magda Silberman）、朱迪（Judy）、哈里·戈尔茨坦（Harry Goldstein）、海勒一家（the Heller family）、贝雷比彻茨一家（the Berebichez family）（呵呵，他们是我在阿卡普尔科那些年结交的朋友）、帕姆（Pam）、马克·鲁宾（Mark Rubin）、米里亚姆·西尔弗曼（Miriam Silverman）、马尔西·布朗（Marcy Brown）、桑迪（Sandy）、阿蒂·罗森柏斯（Artie Rosenbluth）、玛西娅（Marcia）、迈克尔·切比尼（Michael Cherbini）。最后但并非最不重要的是我在布鲁克林的老朋友们：伊迪（Edie）、鲍勃·瓦拉赫（Bob Wallach）、卡茨一家（the Katz family）、希拉（Sheila）、斯坦·约瑟夫森（Stan Josephson）、爱丽丝（Iris）、唐纳德·瑟肯多夫（Donald Seckendorf）、琳达（Linda）、鲍勃·谢菲尔德（Bob Siegfeld）。我还要感谢两位我最长久的朋友：诺玛（Norma）和理查德·柏林（Richard Berlin），同时也感谢他们的家人和新加入他们家庭的成员马琳（Marlene）和马蒂·雅各布森（Marty Jacobson）。

我非常感谢这么多年来与我们愉快合作的杰出而又才华横溢的世界一流设计师和我们这个行业中的佼佼者，他们分别是：唐娜·卡兰、亚历山大·朱利安（我曾经非常荣幸地被他称为他的服装的"制作者"）、卡尔文·克莱恩、派瑞·艾力斯、艾萨克·米兹拉希、旁观者品牌的缔造者斯科特·斯腾伯格、瑞格布恩品牌的创立者及其充满活力的二人组马可斯·温莱特和大卫·内维尔，以及许许多多其他人。

我还要感谢莱格尼里出版社（Regnery）才华横溢而又勇于奉献的团队成员们，他们分别是：出版者玛芝·罗斯（Marji Ross），编辑汤姆·思彭斯（Tom Spence）和哈里·克罗克（Harry Crocker），以及整个发行团队成员。我还要感谢温顿·霍尔公司（Wynton Hall & Co.）公司的帕特里克·史密斯（Patrick Smith），以及我在纽约的图书代理人格伦·哈特利（Glen Hartley），他们对本书非常信任，为它倾注了满腔热情。

最后，马丁·格林菲尔德服装公司对所有这些年来我们非常荣幸地服务过的以及穿过我们缝制的衣服的名人们表示衷心的感谢，他们分别是：总统德怀特·艾森豪威尔、杰拉尔德·福特、比尔·克林顿和巴拉克·奥巴马，副总统乔·拜登，参议员鲍勃·多尔，国防部部长唐纳德·拉姆斯菲尔德，以及小萨米·戴维斯、法兰克·辛纳屈、迪恩·马丁、杰里·刘易斯、迈克尔·杰克逊、马丁·斯科塞斯、特伦斯·温特、巴兹·鲁赫曼、凯瑟琳·马丁、史蒂文·索德伯格、吉米·法隆、丹泽尔·华盛顿、莱昂纳多·迪卡普里奥、托比·马奎尔、约翰尼·德普、本·阿弗莱克、史蒂夫·布西密、詹姆斯·斯派德、唐纳德·特朗普、沃尔特·克朗凯特、斯通·菲利普斯、迈克尔·斯特拉汉、勒布朗·詹姆斯、沙奎尔·奥尼尔、帕特里克·尤因、卡梅罗·安东尼、科比·布莱恩特、约翰·库萨克、科南·奥布莱恩、乔纳·希尔、克里夫·欧文、坎耶·维斯特（Kanye West）、乔尔·埃杰顿、埃迪·坎特、本·斯蒂勒、本·金斯利爵士、马特·朱克瑞（Matt Czuchry）、迈克尔·珊农（Michael Shannon）、奥斯卡·伊萨克、凯文·培根（Kevin Bacon）、保罗·纽曼、阿尔·帕西诺、迈克尔·道格拉斯、艾伦·米罗金尼克（Ellen Mirojnick）、约翰·邓恩、鲍比·坎纳瓦尔（Bobby Cannavale）、文森特·皮亚扎（Vincent Piazza）、迈克尔·斯图巴（Michael Stuhlbarg）、迈克尔·K.威廉姆斯（Michael K. Williams）、斯蒂芬·格拉汉姆（Stephen Graham）、达布尼·科尔曼（Dabney Coleman）、迈克尔·皮特（Michael Pitt）、劳尔·埃斯帕扎（Raúl Esparza）、理查德·贝尔泽（Richard Belzer）、安德尔·霍兰德（André Holland）、艾伦·阿尔达（Alan Alda），等等。

英文索引

500 Club, the, 205

A

Academy Awards, 170, 201–2
Affleck, Ben, 208
Aliyah Bet, 76, 80–82, 85, 87
Allies, Allied, 19, 29, 47, 53, 56, 59, 64, 112, 177
America. *See also* United States
   airpower in World War II, 29
   culture, 129, 133, 139, 146–47, 155, 199
   fashion in, 160–74
   Greenfield's citizenship in, 133
   Greenfield's family in, 82–87
   Greenfield's first experiences in, 96, 98–107
   Greenfield's love of, 110, 113–14, 133, 145, 217–19
   Greenfield's voyage to, 87–96, 125–26, 135, 157
   inmates in German camps, 46
   Israel and, 81
   liberation of Germany, 52–57, 82, 111–12
   military power in World War II, 31, 49–50, 52–53, 60, 75
   politicians in, 175–98
   segregation in, 131
American Airlines, 125, 127–29
American Army, 52, 55, 112, 130, 198
American Film Institute, 145
Andretti, Mario, 169
Anthony, Carmelo, 210–11
Appelplatz, 47, 50, 60
Arabs, 80, 87
Arbeit macht frei, 13
Arkansas, 182–83
Armani (brand), 165

Armani, Giorgio, 166
Arthur, 209
Atlantic City, 202, 205
Auschwitz, 213
    Greenfield at, 2, 5, 7–8, 13–14, 17–29, 46, 65, 73, 79, 88, 111, 136, 219

B

Bachelor in Paradise, 146
Baltimore, Maryland, 82–86, 90, 95, 97–100, 102, 104
Band of Outsiders, 171–73
Barkley, Alben, 111–13
Bar Mitzvah, 217–19
Bell, Lake, 174
Benedict XVI (pope), 214
Ben Maksik's Town and Country, 134
Bergdorf Goodman, 166
Berger, Antonio ("Uncle Antonio"), 83, 123–27
Berger, Fischel, 3
Berger, Geitel, 3, 19, 57
Berger, Irving ("Uncle Irving"), 82–86, 90, 94–95, 98, 124
Berman, Barbara, 98
Berman, Frances, 98–101, 104
Berman, Moe, 98–101, 104
Berman, Natalie, 98
Berman, Rikki, 98–99
Berra, Yogi, 97
Biden, Joseph "Joe," 193–94
Bismarck Tower, the, 49
Blacklist, The, 214–15
Bloomberg, Michael, 194–95
Boardwalk Empire, 147–48, 201–2, 211
Bogart, Humphrey, 145, 199
Bradley, Omar, 54
Bradshaw, Terry, 211–12
Brand, Russell, 209
Bremerhaven, Germany, 87
Brihah, 80
Britain, British, 173, 177
    Palestine and, 80–81, 87

Broadway, 139, 142
Bronx, NY, 83, 86, 95–97, 140, 190, 198
Brooklyn Dodgers, 97, 113
Brooklyn, NY, 102–4, 134, 157
    celebrities from, 148, 171, 212–14
    Greenfield living in, 104–5, 111, 119, 124, 131–32, 136, 144, 219
    Martin Greenfield Clothiers factory in, 157, 169, 172, 178, 190, 195, 200–1, 207
Brooks, Albert, 215
Brooks Brothers, 162, 185–86, 191–92, 194–95, 201
Brown, James, 212
Bryant, Kobe, 209
Buchanan, Tom (character in *The Great Gatsby*), 200
Budapest, Hungary, 9, 11–13, 21, 63, 67, 70–72, 91, 217
Buna camp, 25, 32–33, 65
    bombing of, 29, 31, 46
    hospital in, 26–28
Buna Works factory, 28–29
Burns, Ed, 215–216
Burton, Montague, 140
Buscemi, Steve, 148–49, 211

C

Cagney, James, 145
Cantor, Eddie, 139–48, 199
Capitol, the, 110
Carpathian Mountains, 3, 31, 125
Catholics, 214
Charlotte Hornets, 168–69
cheap suits, 114–15, 158
Chelsea, NY, 206
Chesterfield cigarettes, 120
Clinton, Bill, 180–85, 196, 211
Clinton, Hillary Rodham, 180–81
Colgate Comedy Hour, The, 141
Columbian Club, the, 128–29
Columbia University, 176–77

Communists, Communism, 71, 74–75, 84, 108, 126, 159–60
components of a suit jacket, 158
Constitution, the, 110
Costume Institute Gala, 174, 210–11
Coty American Fashion Critics' Awards, 165, 168
Council of Fashion Designers of America (CFDA) prizes, 165–66, 172, 174
crematoria, 4, 17–18, 29, 46, 55
Cronkite, Walter, 159
Cy Martin's, 142
Czech army, the, 65–67, 80–81, 175–76
Czechoslovakia, Czechs, 94, 102, 111, 129
    German camps and, 50, 56, 64
    Greenfield's life in, 1, 3, 74, 76
    Soviet takeover of, 74–75, 126

D

Dallas, TX, 125–27, 129–30, 132, 159–60
D'Amato, Paul "Skinny," 205–6
Danny's Hideaway, 109
Davis, Bette, 145
Davis, Sammy, Jr., 141–42, 204
Day, Doris, 127, 129
Death March, the, 32–43, 46, 56, 68–69, 219
democracy, democratic government, 74–75, 84
Democrats, 193–94, 196–97
Depp, Johnny, 201
DeRosa, Stephen, 147
Diamonds, 157
DiCaprio, Leonardo, 200, 203
DiMaggio, Joe, 97
displaced persons (DP) camps, 64–65, 75–76, 79–80, 83, 89
Dole, Bob, 192–93
Dole, Elizabeth "Liddy," 193
Doral Hotel, 109
"Dumber They Come, the Better I Like 'em, The," 141
Durante, Jimmy, 139

E

Ebbets Field, 97, 105, 113
Eddie Cantor Camp Committee, 140
Edgerton, Joel, 200
Eisenhower, Dwight D. "Ike"
    as general, 53–55, 84, 91, 110, 112
    as president of Columbia, 176–77
    as president of the United States, 177–78, 183
Elka ("Aunt Elka"), 83, 87, 95–97, 125
Ellis, Perry, 171
Emmy Awards, 202, 214
England, English, 46, 152, 158, 173
English (language), 94, 98–99, 101–5, 107, 109–10, 113–14, 166
ESPY Awards, 209
Europe, 75, 81, 91, 140, 146
evil, 20, 75, 186
Ewing, Patrick, 159, 210
Exodus 1947, 87

F

Fallon, Jimmy, 173–74, 212–13
FDNY Engine 55, 148
Fendrich, Mark, 87, 98
Fields, W. C., 139
Final Solution, the, 45
Florida, 148, 162, 185
Fontainebleau Hotel, 148
Ford, Gerald, 179
Ford, Glenn, 145
Fox Football, 211
France, French, 80, 87, 123, 177
Fromme, Lynette "Squeaky," 180

G

Gabersee DP camp, 75–76, 79–80, 86, 89, 124
Garner, Jennifer, 208

German army, 2–3, 13, 36
    at the concentration camps, 5–9, 13–15, 20–28, 31–32, 35, 37–38, 42, 48–52, 59–60, 68
    surrender of the, 64
Germany, Germans, 43, 45–46, 55, 63–65, 79, 87–88, 140, 197
    American occupation of, 75
    American politicians and, 111–12
    postwar suicides in, 76–77
Gestapo officers, 4–5
GGG, 100
    celebrity customers of, 140–44, 147, 176–80, 204–5
    Kalvin's job at, 101–4
    Martin Greenfield Clothiers at factory of, 203
    Martin's career at, 106–9, 115–22, 133–36, 138, 142–47, 154–59, 175
    suits made by, 99, 119, 128
Gilda, 145
GIs, 53–54
Gleiwitz camp, 32, 34, 42, 46, 56, 65, 219
Goco, Zaldy, 206–7
God, 25, 62, 142, 156
    Greenfield's questioning of, 56, 76, 197–98
    sense of humor of, 15
    work in Greenfield's life by, 21, 28–29, 31, 38–39, 52–53, 76–77, 198, 218–19
Golden Fleece collection, the, 162
Goldman, Abe, 117
Goldman, Ikram, 187
Goldman, Mannie, 99, 117, 177–78
    Eddie Cantor and, 139–43
Goldman, Morris, 99, 117
Goldman, William P., 99
    biological son of, 155–56
    role in Martin's life, 105, 115, 117–19, 121, 123, 135–36, 147, 151–57, 176–78, 204–6
Good Morning America, 210
Gotha, Germany, 54
Gotham, 215

Grand Central Station, 132, 186
Great Debaters, The, 203
Great Gatsby, The, 200–2
Greece, 80
Greenfield, Amy, 218
Greenfield, Arlene (née Bergen), 134–38, 143, 151, 186, 196–98, 218, 222, 224
Greenfield, Bonnie, 218
Greenfield, Cheryl, 218
Greenfield, David, 218
Greenfield, Jay
    birth of, 136–38
    wife of, 218
    work with Martin Greenfield Clothiers, 147, 162–63, 172, 180, 187–89, 200, 203, 206–7, 210–11, 213
Greenfield, Martin
    bar mitzvah of, 217–19
    move to New York, 104–5
    name change, 100–3
    time at GGG, 105–57. *See also names of specific clients*
    time at Martin Greenfield Clothiers, 157–216. *See also names of specific clients*
Greenfield, Rachel, 218
Greenfield, Sofia, 218
Greenfield, Tod
    birth of, 138
    wife of, 218
    work with Martin Greenfield Clothiers, 147, 163, 169, 172, 187, 203, 211, 218
Gretzky, Wayne, 209–10
Gridiron Club, 180, 184–85
Grünfeld, Abraham, 3–5, 39, 57
Grünfeld family, the, 2–3, 203
Grünfeld, Joseph ("Father"), 2, 7–14, 24, 57, 65, 67–68, 74, 79–80, 86, 88, 139, 156
Grünfeld, Maximilian "Max," 2, 68, 83, 95. *See also* Greenfield, Martin
    name change, 100–3
    time in concentration camps, 2, 13–53. *See also specific camps*
    time in Hungary, 9–12
    voyage to America. *See under* America

Grünfeld, Rivka, 2, 6–7, 57
Grünfeld, Simcha, 2, 7, 57
Grünfeld, Sruel Baer, 2, 6–7, 57
Grünfeld, Tzyvia ("Mother"), 2–3, 6–8, 11, 57, 83, 95, 98, 124, 139
Gussie (Martin Greenfield's aunt), 98
Gypsies, 46

H

Hampton Synagogue, 217
Hart Schaffner Marx, 188
Hayworth, Rita, 145
HBO, 147, 202, 215
Hebrew Immigrant Aid Society (HIAS), 65, 67, 70
heder (religious school), 3–4
Hickey Freeman, 188
Hillcrest Country Club, 143–45, 147
Hinkle, Billy, 200
Hollywood, 129, 138–39, 142–45, 147, 169, 194, 199, 210
Holocaust, the, 80–81, 87, 136, 144, 197, 203, 218. *See also* Shoah
Holocaust Museum, 197–98
Holyfield, Evander, 209–10
Holy See, the, 214
homosexuals, 46
Hope, Bob, 146
Hotel Adolphus, the, 127–29
Hotel Brickman, 125
Hungary, Hungarians, 2–3, 9–13, 67, 96, 102, 107, 137

I

IG Farben, 25–26
Isaac, Oscar, 215
Iskowitz, Edward Israel. *See* Cantor, Eddie
Israel, 76, 87, 141, 177
Italy, Italians, 64, 80, 82, 192
    suits and, 108, 115, 158, 166, 168, 188, 207, 212

J

Jackson, Michael, 206–8
Jagger, Mick, 207, 215
James, LeBron, 159, 209
Jedem das Seine, 45
Jehovah's Witnesses, 46
Jewish World, 218
Jews, Jewish
    faith of, 55, 76. *See also* Judaism
    Holocaust and, 2, 7–15, 50
    Israel and, 76, 80–83, 87
    life in Pavlovo, 2–3
John Paul II (pope), 213–14
Johnson, Jimmy, 212
Judaism, 142. *See also* Jews, Jewish
Julian, Alexander "Alex," 167–70

K

Kantrowitz, Esther, 139
kapos (supervisors), 15, 18, 26
Karan, Donna, 164–67, 170–71, 180, 182–83, 185, 211–12
Kenneth, Malcolm, 154
Key Largo, 145
kibbutz, 76
Klein, Calvin, 170–71
Knick, The, 215
Krakow Philharmonic, 213

L

Lansky, Meyer, 147
Late Night, 212
Levine, Gilbert, 213–14
Lewis, Jerry, 205–6
liberation, 29, 31, 49, 53, 55–57, 68–69, 92, 111, 198
Life magazine, 76–77
Lincoln, Abraham, 110
Lincoln Memorial, the, 110
Little Caesar, 145
"Little Camp" of Buchenwald, 47
London, England, 151

Long, Howie, 211–12
Los Angeles, CA, 142–44, 172, 207, 212
Louie ("Uncle Louie"), 96
Lucky Strike cigarettes, 120
Luhrmann, Baz, 200–1

M

Madden, John, 212
Magda (Greenfield's friend), 74
Maguire, Tobey, 200
"Makin' Whoopee," 141
Manson, Charles, 180
Marcus, Stanley, 159–62
Marshall, George, 54, 112
Martel, Ned, 187
Martin, Catherine, 200–1
Martin Greenfield Clothiers, 147, 157, 159, 163, 173, 186, 203, 215
Martino, Renato Raffaele, 214
Mendel (Grünfeld family friend), 67–69
Mengele, Josef, 1, 6–7, 72
Menswear Designer of the Year Award, 165–67, 172, 174
mentally disabled persons, 46
Mercedes cars, 47, 62–64, 95
Mermelstein, Kalvin, 86, 90, 94–95, 99–102, 104
    as Martin's roommate, 106, 109–13, 119–20, 124–25, 132, 187–88, 199
Mermelstein, Yitzhak, 9–11
Met Ball, the, 173–74, 201, 211
Metropolitan Museum of Art, 174, 210–11
Mexico, 83, 85, 123–29, 132
Miller, Ben, 99–104
Mizrahi, Isaac, 171
Monowitz camp, 25. *See also* Buna camp
Moore, Sara Jane, 180
Most Violent Year, A, 215
Mukačevo, 2, 4–5
Muselmann inspections, 25
My Life Is in Your Hands, 139

N

Nasser, Gamal Abdel, 177
National Design Museum, 167
Nazis, 84, 107, 137–38, 140, 164, 192, 197–98
    concentration camps and, 1, 4–5, 17–27, 34, 42, 45–52, 57, 68, 112
    German people and, 55, 62
    suicides of, 76
    uniforms of, 14–15, 25, 28
NBC, 141, 212, 214
Neiman Marcus, 157–62
Neville, David, 172–72, 212
Newman, Paul, 169–70
Newman's Own, 170
New York City, NY, 84, 125, 129–30, 195, 216
    fashion in, 142, 162, 166–67, 171, 194
    Greenfield's journey to, 87–93
    Greenfield's life in, 100, 104, 109
New York Giants, 210
New York Knicks, 210
New York Yankees, 96–97, 105

O

Obama, Barack, 186–89
Obama, Malia, 189
Obama, Michelle, 189
Obama, Sasha, 189
O'Brien, Conan, 159, 212
Ohrdruf camp, 54
O'Neal, Shaquille, 159, 210
Osborn, Derrill "The Doctor," 162
Oscars, 166
Owen, Clive, 215

P

Pacino, Al, 208, 215
Palestine, 76, 80–85, 87
partisans, 22–25
Passover, 2
Patton, George S., 52, 54

Pavlovo, Czechoslovakia, 1, 3, 12, 14, 19–20, 39, 67, 71, 73, 94 102, 106, 110–11, 124, 126, 217
Pentagon, the, 186
Perchacio, Frank, 108–9
Philadelphia, PA, 84, 158
physically disabled persons, 46
Pister, Hermann, 50–51
Pocketful of Miracles, 145
Poconos, the, 131–32
Polcsa, Juliet, 215
Powell, Colin, 186, 189–91
Prague, 64–65, 69, 72, 89, 106
Pressman, Freddy, 166
prisoners of war (POWs), 46, 52
prisoner underground resistance groups, 46, 50–52, 80
Prohibition, 147, 202
Public Morals, 215–16

R

Rat Pack, the, 204–5
Reagan, Ronald, 145, 197
Recht oder Unrecht mein Vaterland, 45
Reddington, Raymond "Red" (character on *The Blacklist*), 214
Reese, Pee Wee, 97
Republicans, 193–94, 197
Rizzuto, Phil, 97
Road to Perdition, 170
Robinson, Edward G., 145
Robinson, Jackie, 97, 114, 131
Rogers, Will, 139
roll call, 17–18, 21, 24, 27, 47, 50
Rosenberg, Adolph, 106–9, 115–16, 141
Rosenberg, Sam, 107, 142, 144, 146, 157
Ruff, Charles, 196
Rumsfeld, Donald, 191–92
Rumsfeld, Joyce, 192
Russia, Russians, 139, 160, 190, 196–97
 Communists in, 71, 75, 108
 soldiers from, 66, 71–74, 82–83
 in World War II, 31, 36, 42, 46, 62

S

Saks Fifth Avenue, 162
Savile Row, 15, 209
Scent of a Woman, 208
Schacter, Herschel, 56, 76, 197–98
Schneier, Marc, 217–18
Scorsese, Marin, 147–48, 202–3, 215
Secret Service, the, 179–80
Selbstmord. *See* suicide
September 11, 2001, attacks, 148, 185–86
Shoah, the, 42, 55, 67, 70, 73, 86, 100. *See also* Holocaust
Sinatra, Frank, 121, 204
Skull and Bones, 200–1
slave labor, 21, 26, 46, 55, 60
Snider, Duke, 97
Socialists, 108
Somers, Hilda, 140
Sopranos, The, 202
Soviets, 71, 75, 196–97
Spader, James, 214
Spielberg, Steven, 215–16
SS, the, 14, 21–22, 24, 26, 47–48, 51–53, 55, 59–62
 Death March and, 32–34, 37–39, 42
SS *Ernie Pyle*, 87–89, 93, 126, 135
 reactions during bombing raids, 29
Stars of David, 11
Statue of Liberty, the, 125–26
Stephanopoulos, George, 184
Sternberg, Scott, 172, 224
St. Louis, MO, 130–31
Stolen Life, A, 145
Strahan, Michael, 210
Strauss, Bob, 194, 196–97
Suez Canal Crisis, 177–78, 183
suicide, 64, 76–77
Summerall, Pat, 211–12
Surprise Lake Camp, 139–40

T

Target, 171
Taub (U.S. Army officer), 81–86, 91
Teplice-Sanov, 74, 82, 89
That Reminds Me (Barkley), 112
Thompson, Enoch "Nucky," 148–49, 211
Trump, Donald, 195
Turner, Lana, 146
Twin Towers, the, 186

U

Ukraine, Ukrainians, 2, 120
"undesirables," 46
Union of Soviet Socialist Republics (USSR), 71, 75, 196–97
United Nations, the, 64, 87
United Nations Relief and Rehabilitation Administration (UNRRA), 80–81
United States, 91, 111, 157. *See also* America, Americans
    Greenfield's family in, 82, 84, 86, 90
    Greenfield's love of, 133
    Greenfield's migration to, 85–86, 94
    politicians of, 181–82, 193, 211
U.S. Army, 52, 55, 112, 130, 197–98
U.S. Congress, 112, 178
U.S. government, 84–86, 110
U.S. Marine Corps, 145
U.S. Third Army, 52, 197–98

V

Vitalis, Helen, 119–25, 132
Vitalis, Maria, 120–21
Vogue, 201

W

Wainwright, Marcus, 171–74, 212
Washington, DC, 84, 109–10, 180, 185–88, 191, 193, 195
Washington, Denzel, 203
Washington Post, the, 187
Wasserberg, Germany, 75
Weimar, Germany, 45, 47–48, 59–64, 76–77
Weiss, Stephan, 165
Wernick, Joe, 95
West, Jacqueline, 208
White House, the, 110, 177–90
white tie attire, 184–85, 201
Wiesel, Elie, 53
William P. Goldman & Brothers Foundation, 117
Windows on the World, 186
Winter, Terence, 202
Wintour, Anna, 201
Wolf of Wall Street, The, 202–3
World Series, the, 97, 105, 131
World War II, 64, 66, 76, 111, 145, 176–77, 179, 192–93
World War II Memorial, 193

Y

Yale, 200
Yankee Stadium, 96–97, 105
Yiddish, 3, 10, 56, 59, 82, 85, 94–96, 98–99, 102, 106–7, 137, 190
Your Hit Parade, 120

Z

Zyklon B gas, 26

译后记

这是一本既扣人心弦又激奋人心的回忆录,作者马丁·格林菲尔德可以算得上是现在世界上最有成就、最有影响力的裁缝师之一。无论是美国总统、各级政要、商界巨子,还是娱乐明星,抑或是体育天才,都以得到一套他亲手缝制的西服为荣。

马丁·格林菲尔德现在已经成了美国的精神领袖,但是许多人却不知他曾经是一个从纳粹集中营里死里逃生的犹太人。本书完整地讲述了他80岁的传奇人生故事。马丁出生于捷克斯洛伐克的巴甫洛沃,原本有一个快乐的童年,但是在15岁那年,他和家人一起被送进了奥斯维辛集中营,并在当天就与母亲和弟妹们永诀。一个月之后,他又被迫与父亲分开,最终,他成了他们整个家庭中唯一幸存下来的人。二战后,马丁来到了美国,从GGG服装公司的勤杂工开始,一步一个脚印地建立了自己在美国首屈一指的手工定制西服公司和时尚帝国,并有了一个幸福美满的大家庭。

马丁细致地描述了他从死亡集中营里生存下来的过程。这是这本回忆录最震撼人心的部分。当时他只是一个小男孩,独自一个人面对着无边的恐惧,但是他一直牢记着他父亲的嘱咐,从来没有放弃过对生的渴望。马丁之所以能够幸存下来,除了有些机缘巧合的因素之外,他自己的智慧,特别是他极强的善于抓住机会的能力，起到了至关重要的作用。书中有两个细节特别令人感慨：第一个细节是，他被关入集中营后不久，藏下了一件党卫军士兵的衬衫，后来在一个裁缝的指导下补好了它。这可以说是他的裁缝生涯的第一步。最重要的是，当他在囚服里面穿上了党卫军的衬衫之后，他在集中营内的境况大有改观，这使他明白了衣服也可以拥有强大的力量，有时甚至可以挽救自己的生命。第二个细节是，在被迫从布瑙集中营转移到布痕瓦尔德集中营的"死亡之旅"中，马丁抓住了机会，将纳粹士兵命令他背的背包中的给养品和药品吃了下去，并极其机智地藏身雪洞，从而躲过了一劫。

这本书无疑具有相当高的史料价值，因为马丁以亲历者的身份提供了不少第一手资料。但是我们也可以将它当成励志书来读。事实上，在翻译本书的过程中，我每翻译完一章，就读给我的儿子贾岚晴听，他非常感兴趣，到了后来，他就完全等不及了，一再催促我翻译得更快一些、再快一些。因此本书得以完成，有他的敦促之功。

在这里，我要感谢我的先生贾拥民，他通读了本书并提出了不少修改意见。我还要感谢我的父母傅美峰和将仁娟，是他们对我儿子贾岚晴悉心照料，才使我安心完成本书的翻译。我要感谢我的妹妹傅晓燕和妹夫鲍玮玮、弟弟傅锐飞和傅旭飞以及好友郑文英和陈贞芳等提供的帮助。

感谢华夏出版社对我的信任，感谢李雪飞老师的辛苦付出。

本书的翻译过程有点仓促，尤其是涉及服装方面的专业术语时，虽力求做到精确，但难免会有错漏之处，敬请读者和专家批评指正。

傅瑞蓉

2017 年 5 月于杭州

图书在版编目（CIP）数据

白宫御用裁缝师：从奥斯维辛集中营到总统府 /（美）马丁·格林菲尔德（Martin Greenfield），（美）温顿·霍尔（Wynton Hall）著；傅瑞蓉译. --北京：华夏出版社，2018.1

书名原文：Measure of a Man: From Auschwitz Survivor to Presidents' Tailo

ISBN 978-7-5080-9387-1

Ⅰ. ①白… Ⅱ. ①马… ②温… ③傅… Ⅲ. ①马丁·格林菲尔德 (Martin Greenfield)－自传Ⅳ.①K837.128.3

中国版本图书馆 CIP 数据核字(2017)第 307523 号

Measure of a Man: From Auschwitz Survivor to Presidents' Tailo
Copyright © 2014 by Martin Greenfield. Published through arrangement with Regnery Publishing. All rights reserved
The simplified Chinese translation rights arranged through Rightol Media （本书中文简体版权经由锐拓传媒取得 Email:copyright@rightol.com）
Simplified Chinese translation copyright © 2018 Huaxia Publishing House
All Rights Reserved

版权所有　翻版必究
北京市版权局著作权合同登记号：图字 01-2016-0180 号

白宫御用裁缝师——从奥斯维辛集中营到总统府

作　　者	[美] 马丁·格林菲尔德　　[美] 温顿·霍尔
译　　者	傅瑞蓉
责任编辑	李雪飞

出版发行	华夏出版社
经　　销	新华书店
印　　刷	三河市万龙印装有限公司
装　　订	三河市万龙印装有限公司
版　　次	2018 年 1 月北京第 1 版　　2018 年 5 月北京第 1 次印刷
开　　本	720×1030　1/16 开
印　　张	17.5
字　　数	193 千字
插　　页	9
定　　价	58.00 元

华夏出版社　地址：北京市东直门外香河园北里 4 号　邮编：100028
网址：www.hxph.com.cn　电话：（010）64663331（转）
若发现本版图书有印装质量问题，请与我社营销中心联系调换。